Karin Ulrich-Eschemann

Gerechte in der Bibel – Sünder in der Bibel

Was steht geschrieben?

Vandenhoeck & Ruprecht

Für Werner Haussmann, Gertraud Heckel, Susanna Strass

Die Bibeltexte sind zitiert nach der Lutherbibel, revidierter Text 1984, durchgesehene Ausgabe in Neuer Rechtschreibung

Umschlagabbildung und Illustrationen:
Svetlana Kilian

Bibliografische Information der Deutschen Nationalbibliothek

Die Deutsche Nationalbibliothek verzeichnet diese Publikation in der Deutschen Nationalbibliografie; detaillierte bibliografische Daten sind im Internet über http://dnb.d-nb.de abrufbar.

ISBN 978-3-525-63394-6

Satz: Daniela Weiland, Göttingen
Druck und Bindung: ⊕ Hubert & Co, Göttingen

Gedruckt auf alterungsbeständigem Papier.

Vorwort

Die Sünde ist vom Menschen abgetrennt zu denken: Er kann sie tun oder ihr widerstehen; sie wird nie zu seiner Natur. Deshalb handelt dieses Buch in beiden Kategorien – „Gerechte“ und „Sünder“ (ich setze sie deshalb in Anführungsstriche) – weniger von Personen und ihren Biografien als vielmehr von Verhaltensweisen und Lebenseinstellungen; am Beispiel wird sichtbar, was gutes und was böses Handeln ist. Gewiss ist, dass jeder Mensch immer auch wieder zurück kann. „Also wird auch Freude im Himmel sein über *einen* Sünder, der Buße tut, mehr als über neunundneunzig Gerechte.“ (Lk 15,7).

Sünde ist ...

Was wird heute nicht alles „Sünde“ genannt – das Stück Sahnetorte, die unbeschwerte Liebe, der Luxusartikel, den man sich leistet. Biblisch ist das nicht – oder nur bedingt: Gewiss warnt die Bibel vor der verderblichen Macht von Geld, Besitz und Leidenschaft. Aber das sind nur die Symptome der Sünde. Im Kern geht es um die Frage: Was schädigt die Seele, was schadet dem Mitmenschen, was zerstört die heile Beziehung zu Gott? „Sünder“ sind Menschen, die ihre Nähe zu Gott verloren haben; wie das geschehen kann, darüber gibt die Bibel eindrücklich Auskunft.

Gerechtigkeit ist ...

Das Gegenteil eines zerrütteten Verhältnisses zu Gott und Menschen wird biblisch Gerechtigkeit genannt. Dabei geht es nicht um die Gerechtigkeit von Paragrafen – das wären allenfalls Symptome –, sondern um eine Lebenshaltung, die der Würde Gottes und des Mitmenschen „gerecht“ wird. Dass es nicht immer leicht ist, in dieser Weise gut, also gerecht, zu sein und zu bleiben, davon zeugen die Geschichten der Bibel von der allerersten an – nicht zuletzt deshalb ist Jesus als Richter, d.h. als Errichter der wahren Gerechtigkeit, zur Welt gekommen. Wir heute wissen es auch – und erhoffen Aufschluss aus der Bibel und aus diesem Buch.

Inhalt

Noah – Hebräer 11,7; 1 Mose 6,8–14

Durch den Glauben hat Noah Gott geehrt und die Arche gebaut zur Rettung seines Hauses, als er ein göttliches Wort empfing über das, was man noch nicht sah; durch den Glauben sprach er der Welt das Urteil und hat ererbt die Gerechtigkeit, die durch den Glauben kommt ...

~≈~

Aber Noah fand Gnade vor dem HERRN. Dies ist die Geschichte von Noahs Geschlecht. Noah war ein frommer Mann und ohne Tadel zu seinen Zeiten; er wandelte mit Gott. Und er zeugte drei Söhne: Sem, Ham und Jafet. Aber die Erde war verderbt vor Gottes Augen und voller Frevel. Da sah Gott auf die Erde, und siehe, sie war verderbt; denn alles Fleisch hatte seinen Weg verderbt auf Erden. Da sprach Gott zu Noah: Das Ende alles Fleisches ist bei mir beschlossen, denn die Erde ist voller Frevel von ihnen; und siehe, ich will sie verderben mit der Erde. Mache dir einen Kasten von Tannenholz und mache Kammern darin und verpiche ihn mit Pech innen und außen ...

Im Brief an die Hebräer wird Noah als Glaubensvorbild genannt, weil er dem Wort Gottes und seiner Verheißung traute und danach handelte. Er hat sich diese „Gerechtigkeit" nicht durch Taten erworben, vielmehr war sie eine Folge des Glaubens. Ein Gerechter sein bedeutet hier: sich auf Gottes Handeln einzulassen und mit Gott zu kooperieren.

Erinnern Sie sich an die Sintflutgeschichte: Gott gereut es, dass er die Menschen geschaffen hat, weil die Bosheit ihrer Herzen groß war. Sie trachteten nach allem Möglichen, nicht aber nach Gott. Das Urteil Gottes realisiert sich in der Flut. Aber das Sinnen Gottes ist nicht auf endgültige Vernichtung aus, sondern auf Errettung und Gnade. Gott braucht einen Menschen, mit dem er kooperieren kann, damit sein Rettungswerk geschehen kann. Er erwählt Noah, der sich ihm sozusagen anbietet. Noah, ein gottgläubiger Mensch, ist nicht auf die Verwirklichung seiner eigenen Pläne aus. Mit Noah und der Arche beginnt Gott seine Heilsgeschichte – trotz der Realität des bösen Tuns der Menschen.

Kooperieren

Die Geschichte von der Arche Noah: eine Geschichte von Bewahrung und Rettung – so hören sie hoffentlich Kinder, so speichern sie sie im Gedächtnis als Rettungsgeschichte.

Nicht die Flut, nicht die Vernichtung ist ja die Geschichte, auf die es hier ankommt. Das geschieht einfach nur. Über dem Geschehen der Flut steht die göttliche Verheißung „Nie mehr", die Verheißung der Treue Gottes.

So ist die Geschichte zu erzählen und gern auch zu spielen: mit Holzfiguren – so wie die Weihnachtsgeschichte mit den Figuren der Krippe nachgespielt wird.

Im Kern geht es um Noah, um den, den Gott zu seinem Retter wählt. Im Kern geht es darum, eine Geschichte zu erzählen, die trösten will gegen das böse Treiben der „Sünder". Gottes Gericht gegen die „Sünder" geht gut aus – auch weil es diesen Noah gibt, der Gott nicht eigene Vorschläge macht, der nicht Gott Pläne unterbreitet, was denn zu tun sei gegen all die Bosheit.

Noah tut, was zu tun ist, und lässt Gott wirken. Noah traut Gott, dass sein Wirken zum Heil der Menschen ist. Noah kooperiert mit Gott. So konnte die Rettungsgeschichte zustande kommen. Sie kann für uns zu einer Trostgeschichte werden.

Abraham – 1 Mose 15,1-7

Nach diesen Geschichten begab sich's, dass zu Abraham das Wort des HERRN kam in einer Offenbarung: Fürchte dich nicht, Abraham! Ich bin dein Schild und dein sehr großer Lohn. Abraham sprach aber: HERR, mein Gott, was willst du mir geben? Ich gehe dahin ohne Kinder, und mein Knecht Elïser von Damaskus wird mein Haus besitzen. Und Abraham sprach weiter: Mir hast du keine Nachkommen gegeben; und siehe, einer von meinen Knechten wird mein Erbe sein. Und siehe, der HERR sprach zu ihm: Er soll nicht dein Erbe sein, sondern der von deinem Leibe kommen wird, der soll dein Erbe sein. Und er hieß ihn hinausgehen und sprach: Sieh gen Himmel und zähle die Sterne; kannst du sie zählen? Und sprach zu ihm: So zahlreich sollen deine Nachkommen sein! Abraham glaubte dem HERRN, und das rechnete er ihm zur Gerechtigkeit ...

Die unmittelbare Anrede durch Gott in Visionen, Träumen, Erscheinungen durch Engel ist für die betroffenen Menschen wie hier für Abraham Furcht erregend. Abraham wird im Neuen Testament als Vater des Glaubens bezeichnet. So gewinnt er auch für den christlichen Glauben an Bedeutung: Glaube als Gerechtwerden vor Gott und allein durch Gott – ohne die Werke der Gerechtigkeit. (Römer 4, 7–9) Erst im Rückblick auf die Geschichte Abrahams mit seiner Familie, seinem Volk und seinem Gott kann so gesprochen werden, weil erzählt werden kann, wie sein Glaube sich bewährt hat. Im Text selbst wird der Glaube allerdings nicht geschildert, eher wohl wird er behauptet. Es wird sich erst erweisen, wie stark Abraham den Verheißungen Gottes traut. Abrahams Interesse gilt der bislang fehlenden leiblichen Nachkommenschaft. Der Weg bis dahin wird noch lang und hart werden, wie es dem später folgenden Text zu entnehmen ist. Die Verheißung Gottes ist superlativisch: Nachkommen so zahlreich wie die Sterne. Das Volk Gottes soll werden. Gott beruft Abraham in seine Geschichte, ihn hat Gott erwählt. Was aber tut Abraham, dass es ihm zur Gerechtigkeit angerechnet wird?

Nur glauben

Abraham glaubt.
Er glaubt den Worten Gottes,
was sie ihm verheißen: Nachkommen.

Abraham vertraut Gott.
Er traut sein Leben Gott zu.
Gott traut sich Abraham zu.
Sie lassen sich aufeinander ein.
Ein Paar. Eine Beziehung. Ein Liebesverhältnis.

So werden sie Zutrauen zueinander gewinnen.
Die Beziehung wird manchmal auf die Probe gestellt werden.
Sie werden sich aneinander gewöhnen – mehr und mehr.

Trotzdem werden sie manchmal Fremdheit empfinden,
sich ihrer Zuneigung immer wieder neu vergewissern
oder sie einfordern: Liebe mich, vertraue mir!

Nicht einfach blindes Vertrauen
oder Gottergebenheit
oder Schicksalsergebenheit.

Eher: ein gespanntes, erwartungsvolles Vertrauen.
Jeder erwartet etwas vom anderen.

Sich auf diese Liebesbeziehung zu Gott einlassen,
das heißt:
vor Gott eine Gerechte oder ein Gerechter sein –
wie Abraham.

Glauben.

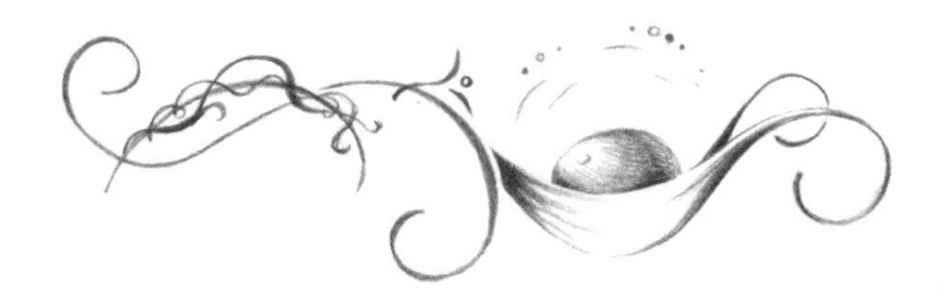

Josef – 1 Mose 39,1-3.7-11

Josef wurde hinab nach Ägypten geführt, und Potifar, ein ägyptischer Mann, des Pharao Kämmerer und Oberster der Leibwache, kaufte ihn von den Ismaelitern, die ihn hinabgebracht hatten. Und der HERR war mit Josef, so dass er ein Mann wurde, dem alles glückte. Und er war in seines Herrn, des Ägypters, Hause. Und sein Herr sah, dass der HERR mit ihm war; denn alles, was er tat, das ließ der HERR in seiner Hand glücken ...

Und es begab sich danach, dass seines Herrn Frau ihre Augen auf Josef warf und sprach: Lege dich zu mir! Er weigerte sich aber und sprach zu ihr: Siehe, mein Herr kümmert sich, da er mich hat, um nichts, was im Hause ist, und alles, was er hat, das hat er unter meine Hände getan; er ist in diesem Hause nicht größer als ich, und er hat mir nichts vorenthalten außer dir, weil du seine Frau bist. Wie sollte ich denn nun ein solch großes Übel tun und gegen Gott sündigen?

Und sie bedrängte Josef mit solchen Worten täglich. Aber er gehorchte ihr nicht, dass er sich zu ihr legte und bei ihr wäre. Es begab sich eines Tages, dass Josef in das Haus ging, seine Arbeit zu tun, und kein Mensch vom Gesinde des Hauses war dabei...

Durch den Erzähler dieser Geschichte erfahren wir, dass Josef in besonderer Weise begnadet ist durch Gott. Es handelt sich hier um eine der wenigen Stellen in der Josefslegende, wo von Gottes Handeln gesprochen wird. Der Leser weiß: Gott hält die Fäden in seiner Hand. Aber Josef ist mitbeteiligt an der Geschichte, nachdem die von Hass erfüllten Brüder ihn verkauft haben und er in Ägypten Karriere machte.

In rabbinischer Auslegung wird Josef als Gerechter (Zaddik) bezeichnet, weil er sich bewährt hat, hier: weil er der Versuchung widerstanden hat. Ein Widerstand, der ihn schließlich ins Gefängnis bringt, denn die Frau des Potifar wird gegen ihn intrigieren. Hätte er der Frau und ihrem Begehren nachgegeben und vielleicht einfach die eigene sexuelle Lust mit ihr ausgelebt, hätte er sich nicht nur schuldig gemacht gegenüber seinem

Herrn, sondern hätte Sünde gegen Gott begangen. Nicht gegen Sexualität, sondern gegen Betrug und Verrat richtet sich diese Geschichte.

Sich führen lassen

Begnadet sein – man könnte denken, dass Josef alles in den Schoß gefallen wäre. Gewiss kann man so die Erfolgsgeschichte dieses jungen und schönen Mannes lesen: Gott ließ ihm alles gelingen. Josef musste sich die Auszeichnung, Gerechter zu sein, nicht groß verdienen – so mag manche und mancher denken.

Gewiss erzählt die Geschichte nicht explizit von seinen Anfechtungen und Zweifeln, von seinem Hass auf die Brüder. Sie erzählt nichts davon, wie er innerlich zu kämpfen hatte. Vielleicht lässt es sich manchmal erahnen. Vielleicht ja fällt es ihm schwer, den Brüdern freundlich gesonnen zu sein und ihnen ihr Vergehen an ihm nicht nachzutragen. Vielleicht auch ist es ihm schwergefallen, der Verführung durch die attraktive Frau zu widerstehen. Emotionen bleiben ausgespart.

Ich stelle es mir so vor: dass er zornig ist, verletzt, auf Rache sinnt (ein wenig davon lässt sich ahnen, als Josef sich für seine Brüder Prüfungen ausdenkt: Benjamin, den goldenen Becher); und rechne es Josef hoch an, dass er sich beherrschen konnte. Er ist nicht erbittert, ergrimmt. Er hat sein glückliches Wesen – das Gottesgeschenk – weder verraten noch verloren. Ich denke mir: Vor allem das ist Josefs Gerechtigkeit: Wie auch andere an ihm handeln – er lässt sich nicht beirren. Erst später dann wird er sagen, dass ihn Gott in seiner Geschichte geführt hat.

Man mag Josef beneiden, weil er von Natur aus so gut ausgestattet war, dass er das alles gut schaffen konnte.

Gewiss, Gott ließ ihm alles gelingen, aber nicht um später einen jungen und schönen Helden feiern zu können. Sehr wohl aber, um die Gottesgeschichte weiterzuführen „um am Leben zu erhalten ein großes Volk" (1 Mose 50,20).

Pharaos Tochter – 2 Mose 2,5–10

Und die Tochter des Pharao ging hinab und wollte baden im Nil, und ihre Gespielinnen gingen am Ufer hin und her. Und als sie das Kästlein im Schilf sah, sandte sie ihre Magd hin und ließ es holen. Und als sie es auftat, sah sie das Kind, und siehe, das Knäblein weinte.

Da jammerte es sie, und sie sprach: Es ist eins von den hebräischen Kindlein. Da sprach seine Schwester zu der Tochter des Pharao: Soll ich hingehen und eine der hebräischen Frauen rufen, die da stillt, dass sie dir das Kindlein stille?

Die Tochter des Pharao sprach zu ihr: Geh hin. Das Mädchen ging hin und rief die Mutter des Kindes. Da sprach die Tochter des Pharao zu ihr: Nimm das Kindlein mit und stille es mir; ich will es dir lohnen. Die Frau nahm das Kind und stillte es.

Und als das Kind groß war, brachte sie es der Tochter des Pharao, und es ward ihr Sohn, und sie nannte ihn Mose; denn sie sprach: Ich habe ihn aus dem Wasser gezogen.

Erinnern Sie sich an die Geburtslegende des Mose? Sein Leben ist bedroht wegen des Befehls Pharaos, alle neugeborenen Jungen des Volkes Israel (das in Ägypten zuerst zu Gast und dann versklavt ist) zu töten. Seine Mutter will den kleinen Mose bewahren und verbirgt ihn in einem Weidenkörbchen im Uferschilf des Nils. Und seine Schwester wacht bei ihm.

Der Ausschnitt hier gibt Anschauung vom guten Leben. Die Rettung geschieht auf wundersame und konkrete Weise. Mehrere Frauen kooperieren aufs Beste. Hervorzuheben ist die Tochter Pharaos, deren Herz angerührt wird, als sie dieses armselige Kind sieht.

In rabbinischer Auslegung erfährt die Tochter Pharaos eine hohe Wertschätzung. Im Midrasch wird ihr der Ehrenname Tochter (bitjä) verliehen und dadurch wird sie einbezogen in die Reihe der biblischen Frauen, die an Gottes Heilsplan aktiv beteiligt waren – ohne selbst zu diesem Volk zu gehören.

Sich anrühren lassen

„Sieh hin – und du weißt, was du zu tun hast!" Der Philosoph und Ethiker Hans Jonas sieht das neugeborene Kind als „zeitloses Urbild aller Verantwortung". Er hat das kleine hilflose Baby und seine Bedürftigkeit und Abhängigkeit die Evidenz des Guten genannt. In diesem Sinn kann sich eigentlich niemand verweigern, sich um den kleinen Moses im Körbchen im Schilf zu kümmern. Hier ist es die Eine, die sich kümmert, zusammen mit den anderen beteiligten Frauen.

Ein Kind retten!
Die Mutter des Kindes fängt damit an,
die Schwester beteiligt sich bei der Rettungsaktion,
die Hofdamen eilen herbei.
Und dann ist da die Tochter des Pharao.
Ihr Herz wird angerührt,
als sie das weinende Kind sieht,
ein Hebräerkind.

Das Angerührtsein führt zum Handeln,
es gilt, das Leben des Jungen zu retten.

Gott?
Er kommt gar nicht vor in dieser Rettungsgeschichte,
er wird jedenfalls nicht genannt.
Aber doch kommt er so vor,
dass er mit den Frauen zusammenarbeitet –
nicht über Regeln und Gesetze,
sondern indem er Herzen anrührt
zum Guten.

Eine schöne Geschichte vom guten Leben
inmitten einer bedrohlichen Welt.

Mose – ein Gerechter.
Und Pharaos Tochter – eine Gerechte.

Mose – 2 Mose 33,11–17

Der HERR aber redete mit Mose von Angesicht zu Angesicht, wie ein Mann mit seinem Freunde redet. ... Und Mose sprach zu dem HERRN: Siehe, du sprichst zu mir: Führe das Volk hinauf! und lässt mich nicht wissen, wen du mit mir senden willst, wo du doch gesagt hast: Ich kenne dich mit Namen, und du hast Gnade vor meinen Augen gefunden. Hab ich denn Gnade vor deinen Augen gefunden, so lass mich deinen Weg wissen, damit ich dich erkenne und Gnade vor deinen Augen finde. Und sieh doch, dass dies Volk dein Volk ist.

Er sprach: Mein Angesicht soll vorangehen; ich will dich zur Ruhe leiten.

Mose aber sprach zu ihm: Wenn nicht dein Angesicht vorangeht, so führe uns nicht von hier hinauf. Denn woran soll erkannt werden, dass ich und dein Volk vor deinen Augen Gnade gefunden haben, wenn nicht daran, dass du mit uns gehst, so dass ich und dein Volk erhoben werden vor allen Völkern, die auf dem Erdboden sind?

Der HERR sprach zu Mose: Auch das, was du jetzt gesagt hast, will ich tun; denn du hast Gnade vor meinen Augen gefunden, und ich kenne dich mit Namen ...

Mose ist der Mann Gottes. Gott hat Mose nicht nur das erwählte Volk anvertraut. Mose ist Gottes Herzen nah. Nach Moses Tod wird es heißen: „Und es stand hinfort kein Prophet in Israel auf wie Mose, den der Herr erkannt hätte von Angesicht zu Angesicht“ (5 Mose 34,10).

Der von Gott erwählte und berufene Mose hat eine doppelte Aufgabe: Er vertritt Israel bei Gott und Gott bei Israel. Nach rabbinischer Auslegung wurde Mose nur durch sein Eintreten für sein Volk der Mann Gottes – einer, der den Ehrentitel „Gerechter“ (Zaddik) verdient hat.

Mose stellt Bedingungen und wird zum unnachgiebigen Verhandlungspartner Gottes. Übrigens: Gewiss war Mose ein großer Führer, aber im Gegensatz zu manchen anderen Religionsstiftern und Führungsgestalten wird er doch auch als ein Mensch mit seinen Schwächen dargestellt.

Gott erweichen

Gnade vor Gottes Augen gefunden haben,
erwählt sein, berufen sein.
Gott bedrängen dürfen,
ihm auf die Pelle rücken.

Gnade vor Gottes Augen gefunden haben,
das heißt gerade nicht, perfekt zu sein.
Gott hat sich manchmal schon ziemlich merkwürdige Gestalten
ausgesucht, um mit ihnen seine Geschichte fortzuführen.

Mose bedrängt Gott,
er erweicht Gottes Herz durch sein Bitten:
dass er nicht der ferne Gott bleibt,
der Forderungen stellt,
dass er sich als der nahe Gott zeigt,
Mose nahe und dem Volk,
dass er mit ihnen geht.

Nicht hinter ihnen her,
sondern vor ihnen her,
damit sie wissen, wohin sie gehen
und wo sie ankommen werden.
Wohin sie auch kommen,
sie werden wissen:
Gott war schon da.
Bis heute.
Und morgen auch:

*Der Herr lasse leuchten sein Angesicht über dir
und sei dir gnädig.
Der Herr erhebe sein Angesicht auf dich
und gebe dir Frieden.*

David – 1 Samuel 24,10–14.18

Und David sprach zu Saul: Warum hörst du auf das Geschwätz der Menschen, die da sagen: David sucht dein Unglück? Siehe, heute haben deine Augen gesehen, dass dich der HERR in meine Hand gegeben hat in der Höhle, und man hat mir gesagt, dass ich dich töten sollte. Aber ich habe dich verschont; denn ich dachte: Ich will meine Hand nicht an meinen Herrn legen; denn er ist der Gesalbte des HERRN. Mein Vater, sieh doch hier den Zipfel deines Rocks in meiner Hand! Dass ich den Zipfel von deinem Rock schnitt und dich nicht tötete, daran erkenne und sieh, dass meine Hände rein sind von Bosheit und Empörung. Ich habe mich nicht an dir versündigt; aber du jagst mir nach, um mir das Leben zu nehmen. Der HERR wird Richter sein zwischen mir und dir und mich an dir rächen, aber meine Hand soll dich nicht anrühren; wie man sagt nach dem alten Sprichwort: Von Bösen kommt Böses; aber meine Hand soll dich nicht anrühren. ... Und Saul erhob seine Stimme und weinte und sprach zu David: Du bist gerechter als ich, du hast mir Gutes erwiesen; ich aber habe dir Böses erwiesen.

Erinnern Sie sich an die Geschichten von Sauls Fall und Davids Aufstieg? Der erste König Israels hat Gottes Begleitung verspielt. Der gesalbte Nachfolger gewinnt Konturen.

Hier nun hätte David die Chance, sich an seinem König zu rächen, der ihm selbst nach dem Leben trachtet und ihm schon genug Böses getan hatte. Diese schöne und anschauliche Geschichte lebt von der Spannung, die sich erst in dem Gespräch zwischen David und Saul löst.

Was wird David tun? Was sind Gottes Ansichten? Will Gott David prüfen oder will er ihm das Recht zuzugestehen, Saul zu töten?

David schont Saul, denn er ist der von Gott Gesalbte. David überlässt das Urteil über Sauls Tun und Leben Gott. Er nimmt es nicht in die eigenen Hände, Saul zu verurteilen und das Urteil zu vollstrecken.

Und Saul kommt zu der Einsicht, dass Davids Gerechtigkeit besser ist als seine.

Demütig sein

Ist David feige? Einer, der kein Blut sehen kann? Ein Schwächling?

Ich lese diese Geschichte anders.

David lässt Gott agieren, er übernimmt nicht selbst die Regie in dieser entscheidenden Situation, wo es um Leben oder Tod geht. Gott soll urteilen, richten, Recht sprechen über David und Saul. Er soll als Richter zwischen beide treten und sie auseinander halten.

Dieser starke Gedanke, dass das letzte Urteil über Menschen und über die Geschichte allein Gott zusteht, durchzieht die beiden Testamente der Bibel. David ist ein schönes Beispiel dafür.

David übt sich in Demut. Demut ist etwas anderes als Schwäche. Es ist die persönliche Stärke, zurücktreten zu können. Unterscheiden zu können zwischen dem, was einem zusteht zu tun, und dem, was allein Gottes Sache ist.

Und die Wirkung kann sich sehen lassen: Statt Mord – Einsicht. Statt Blut Tränen der Reue. Und das Urteil über David: Du bist gerecht.

Jona – Jona 3,1-5.8-4,2

Und es geschah das Wort des HERRN zum zweiten Mal zu Jona: Mach dich auf, geh in die große Stadt Ninive und predige ihr, was ich dir sage! Da machte sich Jona auf und ging hin nach Ninive, wie der HERR gesagt hatte. Ninive aber war eine große Stadt vor Gott, drei Tagereisen groß. Und als Jona anfing, in die Stadt hineinzugehen, und eine Tagereise weit gekommen war, predigte er und sprach: Es sind noch vierzig Tage, so wird Ninive untergehen. Da glaubten die Leute von Ninive an Gott und ließen ein Fasten ausrufen und zogen alle, groß und klein, den Sack zur Buße an ...

(Der König sprach:) Und ein jeder bekehre sich von seinem bösen Wege und vom Frevel seiner Hände. Wer weiß? Vielleicht lässt Gott es sich gereuen und wendet sich ab von seinem grimmigen Zorn, dass wir nicht verderben.

Als aber Gott ihr Tun sah, wie sie sich bekehrten von ihrem bösen Wege, reute ihn das Übel, das er ihnen angekündigt hatte, und tat's nicht.

Das aber verdross Jona sehr, und er ward zornig und betete zum HERRN und sprach: Ach, HERR, das ist's ja, was ich dachte, als ich noch in meinem Lande war, weshalb ich auch eilends nach Tarsis fliehen wollte; denn ich wusste, dass du gnädig, barmherzig, langmütig und von großer Güte bist und lässt dich des Übels gereuen ...

Wissen Sie, was man sonst so über Ninive sagte, die älteste Stadt Mesopotamiens? An mehreren Stellen im Alten Testament wird es als eine sündige Stadt bezeichnet. Eines der zentralen Motive in den prophetischen Predigten ist der Ruf zur Umkehr.

Einmalig ist, dass die Leute von Ninive tatsächlich umkehren. Sie zeigen nicht nur Reue, sondern tun Buße und tun nichts Böses mehr – bis hin zum König, der sogar die Initiative ergreift und die Hoffnung ausspricht, dass ihnen Gott vielleicht doch noch gnädig ist.

Gott reagiert gnädig, er nimmt seine Entscheidung zurück. Und das verärgert den Propheten. Dieser will den Untergang Ninives sehen, den er angekündigt hat. Gottes gnädiges Verhalten provoziert den Propheten – Und Gott?

Gott soll zu seinem Wort stehen. Das fordert sein Prophet. Bangt Jona um die eigene Glaubwürdigkeit? Bangt er gar um die Glaubwürdigkeit Gottes und seines Wortes? Oder verteidigt er den Grundsatz „Strafe, dem Strafe gebührt"?

Jedenfalls ist Jona nicht einverstanden mit der Barmherzigkeit seines Gottes und hat erst einmal vergessen, wie sehr er selbst davon lebt. Gott müht sich dann seelsorglich und pädagogisch um seinen Propheten:

Eine Schatten spendende Staude lässt er aufwachsen, die Jona freut und tröstet, und vernichtet sie wieder. Als Jona um die Staude trauert, folgt die Moral von der Geschichte: „Glaubst du, dass du mit Recht zürnst um der Staude willen?", fragt Gott und stellt einen gewagten Vergleich an: Die Staude sei in einer einzigen Nacht gewachsen, ohne Jonas Zutun; und dennoch klage Jona um sie – „ ... und mich sollte nicht jammern Ninive, eine so große Stadt, in der mehr als hundertzwanzigtausend Menschen sind, die nicht wissen, was rechts oder links ist, dazu auch viele Tiere?" (Jona 4,11).

Mit den Sündern Erbarmen haben bedeutet nicht, ihr Tun gut zu heißen. Erbarmen haben, das ist unverdient, das ist ein Trotzdem, das ist Ehrfurcht vor dem Leben. Das ist Nachsicht mit denen, die „in Sack und Asche" gehen, um ihre Haut zu retten.

Das Erbarmen Gottes mit den Sündern kann die Gerechten zornig machen – bis heute. Dieser Zorn ist nicht so einfach zu besänftigen. Das ist an Jona zu sehen: Wie er floh und Gott doch nicht entkommen konnte; wie er schmollte und sich doch von Gott erfreuen und mit Leben neu beschenken ließ.

Glaubwürdigkeitsprobleme oder Berührungsängste hatte vielleicht Jona – verständlich. Gott hatte sie nicht. Sein Erbarmen mit den reuigen Sündern war stärker.

Ein alter Mensch – Psalm 71,1–9.15–18

Herr, ich traue auf dich,
lass mich nimmermehr zuschanden werden.
Errette mich durch deine Gerechtigkeit und hilf mir heraus,
neige deine Ohren zu mir und hilf mir!
Sei mir ein starker Hort, zu dem ich immer fliehen kann,
der du zugesagt hast, mir zu helfen;
denn du bist mein Fels und meine Burg.
Mein Gott, hilf mir aus der Hand des Gottlosen,
aus der Hand des Ungerechten und Tyrannen.
Denn du bist meine Zuversicht, Herr, mein Gott,
meine Hoffnung von meiner Jugend an.
Auf dich habe ich mich verlassen vom Mutterleib an;
du hast mich aus meiner Mutter Leibe gezogen.
Dich rühme ich immerdar.
Ich bin für viele wie ein Zeichen;
aber du bist meine starke Zuversicht.
Lass meinen Mund deines Ruhmes
und deines Preises voll sein täglich.
Verwirf mich nicht in meinem Alter,
verlass mich nicht, wenn ich schwach werde ...
Mein Mund soll verkündigen deine Gerechtigkeit,
täglich deine Wohltaten, die ich nicht zählen kann.
Ich gehe einher in der Kraft Gottes des Herrn;
ich preise deine Gerechtigkeit allein.
Gott, du hast mich von Jugend auf gelehrt,
und noch jetzt verkündige ich deine Wunder.
Auch im Alter, Gott, verlass mich nicht,
und wenn ich grau werde,
bis ich deine Macht verkündige Kindeskindern
und deine Kraft allen, die noch kommen sollen ...

Im Wechsel von Bitte und Klage und Sätzen des Vertrauens, die die Erinnerung an die Vergangenheit und die eigene Jugend aufnehmen, bekennt sich der Beter zu seiner Aufgabe: Er ist auch im Alter dazu berufen, Gott zu loben, seine Wohltaten an ihm Tag für Tag zu bezeugen und der nachfolgenden Generation weiterzugeben.

Der Beter ruft Gottes Gerechtigkeit an. Diese Gerechtigkeit Gottes wird ihm selbst und seinem persönlichen Leben gerecht. Das traut er offensichtlich nur Gott zu.

Wie ein Leitmotiv durchzieht den ganzen Psalm die Gerechtigkeit Gottes, der der Beter sich anvertraut. Indem er Gott mit seiner Gerechtigkeit an sich handeln lässt, hat er selbst daran Teil. Er bewährt sich dadurch, dass er seinerseits Gott treu bleibt – bis ins Alter.

Sich bewähren

Bewähren heißt: sich als wahr erweisen
und sich als wahr erwiesen haben.
Nicht einfach dies: sich als nützlich
und brauchbar erwiesen zu haben.
Nicht einfach als Tipp: sehr zu empfehlen.
Oder auch: kann nicht schaden.

Gott hat sich im Leben des alten Beters bewährt.
Der alte Beter hat sich in seinem Leben
vor und für Gott bewährt.

Darin ist er mit seinem Leben ein Zeuge
für die Wahrheit Gottes.
Davon gibt er anderen Zeugnis:
Den Kindern und Kindeskindern
und denen, die noch nicht geboren sind.
Denn: Gott will sich weiterhin bewähren
im Leben alter und junger Beter.
Und diese können sich bewähren.

Maria – Lukas 1,26-38

Und im sechsten Monat wurde der Engel Gabriel von Gott gesandt in eine Stadt in Galiläa, die heißt Nazareth, zu einer Jungfrau, die vertraut war einem Mann mit Namen Josef vom Hause David; und die Jungfrau hieß Maria. Und der Engel kam zu ihr hinein und sprach: Sei gegrüßt, du Begnadete! Der Herr ist mit dir! Sie aber erschrak über die Rede und dachte: Welch ein Gruß ist das? Und der Engel sprach zu ihr: Fürchte dich nicht, Maria, du hast Gnade bei Gott gefunden. Siehe, du wirst schwanger werden und einen Sohn gebären, und du sollst ihm den Namen Jesus geben. Der wird groß sein und Sohn des Höchsten genannt werden; und Gott der Herr wird ihm den Thron seines Vaters David geben, und er wird König sein über das Haus Jakob in Ewigkeit, und sein Reich wird kein Ende haben.

Da sprach Maria zu dem Engel: Wie soll das zugehen, da ich doch von keinem Mann weiß? Der Engel antwortete und sprach zu ihr: Der heilige Geist wird über dich kommen, und die Kraft des Höchsten wird dich überschatten; darum wird auch das Heilige, das geboren wird, Gottes Sohn genannt werden. Und siehe, Elisabeth, deine Verwandte, ist auch schwanger mit einem Sohn, in ihrem Alter, und ist jetzt im sechsten Monat, von der man sagt, dass sie unfruchtbar sei. Denn bei Gott ist kein Ding unmöglich. Maria aber sprach: Siehe, ich bin des Herrn Magd; mir geschehe, wie du gesagt hast. Und der Engel schied von ihr.

Auserwählt werden und Gnade bei Gott finden – das ist einerseits eine hohe Auszeichnung. Aber es erfordert andererseits das Einverständnis, die Bereitschaft, ja die Freiheit, dieses an sich geschehen zu lassen – allerdings nicht ohne zweifelnd nachzufragen. Dafür steht Maria beispielhaft.

Maria wird von Gott beansprucht für Großes. Ob sie die Tragweite der Ankündigung überhaupt verstanden hat oder einfach bereit war zur Mutterschaft? Maria war in gewisser Weise nicht nur die leibliche Mutter Jesu, sondern auch die erste Glaubende, die sich in die neue Heilsgeschichte mit Jesus hat verwickeln lassen.

Empfänglich leben

Selbst handeln wollen und können,
selbst aktiv sein und gestalten.
Das gehört zu uns Menschen –
die aktive Seite des Lebens.

Aber zu uns Menschen gehört auch
die passive Seite des Lebens.

Das, was wir alltäglich empfangen,
das, was uns geschieht –
durch andere Menschen,
durch die geschaffene Natur,
durch Gott.

Maria kann ein gutes Beispiel sein
für die empfängliche Seite des Lebens.
Nicht klein und unfrei steht sie da –
die junge Frau,
die von keinem Manne wusste.
Ja, sagt sie: Mir geschehe ...

Maria kann zum Beispiel werden
für eine selten gewordene Frömmigkeit:
Ja sagen, ja, Gott, mir geschehe,
was du willst.

Empfänglich leben.

Da wurde Jesus vom Geist in die Wüste geführt, damit er von dem Teufel versucht würde. Und da er vierzig Tage und vierzig Nächte gefastet hatte, hungerte ihn. Und der Versucher trat zu ihm und sprach: Bist du Gottes Sohn, so sprich, dass diese Steine Brot werden. Er aber antwortete und sprach: Es steht geschrieben: „Der Mensch lebt nicht vom Brot allein, sondern von einem jeden Wort, das aus dem Mund Gottes geht."

Da führte ihn der Teufel mit sich in die heilige Stadt und stellte ihn auf die Zinne des Tempels und sprach zu ihm: Bist du Gottes Sohn, so wirf dich hinab; denn es steht geschrieben: „Er wird seinen Engeln deinetwegen Befehl geben; und sie werden dich auf den Händen tragen, damit du deinen Fuß nicht an einen Stein stößt." Da sprach Jesus zu ihm: Wiederum steht auch geschrieben: „Du sollst den Herrn, deinen Gott, nicht versuchen."

Darauf führte ihn der Teufel mit sich auf einen sehr hohen Berg und zeigte ihm alle Reiche der Welt und ihre Herrlichkeit und sprach zu ihm: Das alles will ich dir geben, wenn du niederfällst und mich anbetest. Da sprach Jesus zu ihm: Weg mit dir, Satan! denn es steht geschrieben: „Du sollst anbeten den Herrn, deinen Gott, und ihm allein dienen."

Da verließ ihn der Teufel. Und siehe, da traten Engel zu ihm und dienten ihm.

Jesus wird hier als Sohn Gottes herausgefordert. Jesus wird versucht, seine Gottessohnschaft selbst zu interpretieren und zu gestalten. Doch Jesus verweigert sich, er bewährt sich gegenüber Gott, indem er ihm allein gehorsam ist. Jesus verzichtet sogar auf eigene Antworten gegenüber dem Versucher, vielmehr antwortet er dreimal mit der Schrift.

Der Teufel wird hier zwar personalisiert, aber er ist nicht gleichrangiger Gegenspieler Gottes. Der eigentliche Initiator des Geschehens ist der göttliche Geist. Es findet kein Drama statt zwischen Gott und Teufel, zwischen Gut und Böse, dann wohl schon eher das Heilsdrama zwischen Gottvater und seinem Sohn.

Den Teufel zum Teufel schicken

Fragen wir: Was wäre das Kasperletheater ohne den Teufel, der das Böse verkörpert? Was wäre Goethes Faust ohne Mephisto? Was wäre unsere Sprache ohne die Redewendungen, die es mit dem Teufel zu tun haben – etwa die: Mich hat der Teufel geritten?

Schafften wir alle die Darstellungen von Teufeln auf Bildern ab – man denke an das Bild von Albrecht Dürer ‚Ritter, Tod und Teufel' –, hätten wir damit den Teufel abgeschafft? Auch wenn wir sagen, dass es für den modernen Menschen Teufel nicht mehr gibt, dass sie höchstens noch mythologisch, symbolisch oder aber historisch zu verstehen sind: Heißt denn „abgeschafft", dass es sie nicht mehr gibt? Und nur die Engel wären uns übrig geblieben?

Es hilft, das Böse zu personifizieren, es in Gestalten verkörpert agieren sehen. So wird es nach außen verlagert. Es agiert nicht in uns selbst, sondern in einer menschenähnlichen „bösen" Gestalt, dem Teufel. Oder in einem konkreten „bösen" Menschen, wie man ihn gern in Hitler gesehen hat – vielleicht auch in Judas.

Personifikationen des Bösen haben gegenüber dem abstrakten Bösen oder einem Prinzip des Bösen einen entscheidenden Vorteil: Man kann sie benennen und dingfest machen. Das nimmt ihnen ihre unheimliche Macht.

Zum Teufel mit dem Teufel! Jesus kämpft nicht mit dem Teufel, er weist ihn mit Bibelworten einfach ab. Und Gott schickt seine Engel, dass sie Jesus dienen, ihm hilfreich sind und ihm Gott gegenwärtig sein lassen.

Jesus – Matthäus 26,36–46

Da kam Jesus mit ihnen zu einem Garten, der hieß Gethsemane. ... Und er nahm mit sich Petrus und die zwei Söhne des Zebedäus und fing an zu trauern und zu zagen. Da sprach Jesus zu ihnen: Meine Seele ist betrübt bis an den Tod; bleibt hier und wacht mit mir!

Und er ging ein wenig weiter, fiel nieder auf sein Angesicht und betete und sprach: Mein Vater, ist's möglich, so gehe dieser Kelch an mir vorüber; doch nicht wie ich will, sondern wie du willst! Und er kam zu seinen Jüngern und fand sie schlafend ...

Zum zweiten Mal ging er wieder hin, betete und sprach: Mein Vater, ist's nicht möglich, dass dieser Kelch an mir vorübergehe, ohne dass ich ihn trinke, so geschehe dein Wille! Und er kam und fand sie abermals schlafend, und ihre Augen waren voller Schlaf.

Und er ließ sie und ging abermals hin und betete zum dritten Mal und redete dieselben Worte. Dann kam er zu seinen Jüngern und sprach zu ihnen: Ach, wollt ihr weiter schlafen und ruhen? Siehe, die Stunde ist da, dass der Menschensohn in die Hände der Sünder überantwortet wird. Steht auf, lasst uns gehen! Siehe, er ist da, der mich verrät.

Es ist nicht so, dass man sagen könnte, Jesus opfere willentlich und wissentlich sein Leben. Jesus zweifelt in höchstem Maße an Gott und dem Sinn seines Sterbens. Die Einstimmung in den Willen Gottes ist ihm fast unmöglich. Wenn man sich an die intensiven Gespräche erinnert, die Jesus mit seinem Vater geführt hat, kommt einem hier das Schweigen Gottes noch größer vor.

Und auch die schlafenden Jünger überlassen Jesus sich selbst und seiner Einsamkeit. Sie erfahren nichts von dem Inhalt des Gebets. Die Gottverlassenheit Jesu wird anhalten bis zu seinem Tod am Kreuz: Mein Gott, warum hast du mich verlassen.

Die Zeit bis dahin wird er in den Händen der Sünder sein, die ihn gefangen nehmen, quälen, richten und töten werden – ohne den Beistand seines Vaters. Jesus lässt sich nicht von ihnen überwältigen, sondern geht ihnen entgegen, damit das geschehen kann, was geschehen soll.

Sich durchringen

Ich entdeckte im Sommer auf den Lofoten ein mir nicht vertrautes Altarbild. Es regnete in Strömen und wir suchten Schutz in einer hellen, freundlichen Holzkirche. Eine bescheidene Kirche ohne Kirchenschmuck, an den sich das Auge heften kann. Dann aber blieb mein Auge an dem Altarbild hängen und zog mich nach vorn.

Nicht der gekreuzigte Christus, nicht der auferstandene Christus, nicht Maria mit dem Kind, nein, der im Garten Gethsemane betende Christus war zu sehen. Neben ihm die schlafenden Jünger und auf der anderen Seite die Gefangennahme Jesu.

Jesus hat dort wohl seine dunkelste, bitterste Stunde mit seinem Vater verbracht. Jesus hat oft und sehr vertraut zu Gott gebetet und ihn Abba (Väterchen) genannt. Doch dieses Gebet hat einen anderen Charakter. Es geht um alles oder nichts.

Jesus fängt an zu trauern und zu zagen. Seine Seele ist betrübt bis in den Tod und er bittet die Jünger, mit ihm zu wachen und zu beten. Dreimal geht Jesus von den Jüngern weg und bittet und klagt zu Gott, dass er nicht sterben muss. Die Stunde des Zweifels: Warum Gott? Welchen Sinn macht mein Tod? Für wen? Was ist dein Plan? Sag es mir! In dem Musical Jesus Christ Superstar ist besonders diese Szene und der Song Jesu „I only want to know ..." sehr eindrucksvoll.

Jesus bittet seine Jünger um Beistand, den sie ihm nicht gewähren und den auch Gott ihm in dieser Stunde verwehrt. Es ist die Stunde der tiefsten Gottesferne.

Eine harte Szene – ohne Trost und Hoffnung. Vielleicht hat das der Evangelist Lukas nicht ausgehalten. Er lässt einen Engel kommen. Diesen Engel hat der Maler in das Altarbild eingetragen: „Es erschien ihm aber ein Engel vom Himmel und stärkte ihn."

Pharisäer und Zöllner – Lukas 18, 9–14

Er sagte aber zu einigen, die sich anmaßten, fromm zu sein, und verachteten die andern, dies Gleichnis: Es gingen zwei Menschen hinauf in den Tempel, um zu beten, der eine ein Pharisäer, der andere ein Zöllner.

Der Pharisäer stand für sich und betete so: Ich danke dir, Gott, dass ich nicht bin wie die andern Leute, Räuber, Betrüger, Ehebrecher oder auch wie dieser Zöllner. Ich faste zweimal in der Woche und gebe den Zehnten von allem, was ich einnehme.

Der Zöllner aber stand ferne, wollte auch die Augen nicht aufheben zum Himmel, sondern schlug an seine Brust und sprach: Gott, sei mir Sünder gnädig!

Ich sage euch: Dieser ging gerechtfertigt hinab in sein Haus, nicht jener. Denn wer sich selbst erhöht, der wird erniedrigt werden; und wer sich selbst erniedrigt, der wird erhöht werden.

Das biblische Gegensatzpaar „Pharisäer und Zöllner“ gehört fast schon zum alltäglichen Sprachgebrauch: Da ist der selbstgerechte „Fromme“, der sich seiner religiösen Leistung gewiss ist und von der Abgrenzung zu den „Sündern“ lebt. Und da ist der einfache Beter, der von seinem Beruf her zu den Zöllnern, den Steuereintreibern, gehört, die gesellschaftlich gesehen als minderwertig gelten. Er hält sich in Distanz. Der Gerechte dankt Gott, der Sünder bittet Gott – mit unterschiedlichen Gesten.

Nicht das religiöse Tun des Pharisäers wird hier verurteilt, sondern dass er Gott offensichtlich nicht mehr braucht, dass er sich ohne Gottes Zutun als Gerechter versteht und dass er sich gegenüber den Sündern darstellt. Doch im Gebet, im Glauben an Gott, sind alle gleich. Und alle haben es nötig, Gott darum bitten, dass er sich mit ihnen versöhnt. Die Bitte ist der rechte Weg des Zugangs des Menschen zu Gott – auch des Zöllners und des Pharisäers.

Fromm sein

Da kann einem schon die Freude am Frommsein vergehen, wenn man dieses Gleichnis hört. Was für eine überhebliche, ausgrenzende Frömmigkeit legt dieser Pharisäer an den Tag! So mancher mag Menschen wie ihn in seinem eigenen Umfeld kennen. Bisweilen beäugen Christen und Christinnen sich gegenseitig ob ihrer Frömmigkeit und beurteilen sich untereinander – nicht selten urteilen sie auch übereinander.

Ja, und der andere? Sich an die Brust schlagen? Sich klein machen? Sich selbst als Sünder fühlen und bezichtigen? Das scheint nun wirklich nicht sehr attraktiv. Nicht zeitgemäß, mag man auch sagen. „Keine Ahnung", sagte ein Jugendlicher auf die Frage, was die Verheißung der Sündenvergebung für ihn bedeute. „Ich sehe mich nicht als armes Sünderlein." Dann schon lieber „I did it my way" oder „Non, je ne regrette rien."

Ich meine, dass weder das Sich-Rühmen, wie es der Pharisäer tut, noch ein Sich-Kleinmachen den Kern der Frömmigkeit trifft, um den es Jesus geht. Ich setze einmal voraus, dass der Zöllner nicht heuchelt und nicht berechnet. Ich stelle mir vor: Was ihn hier bewegt, das ist ein heiliger Moment der Wahrheit.

Es ist vielleicht die Nähe Gottes, die ihn überwältigt. Die ihn jäh erkennen lässt, dass er nichts vorzuweisen hat. Dass er auf Gnade angewiesen ist. – und darin ist er dann in gutem Sinne fromm. Jesus sagt: gerechtfertigt; das heißt: gerecht vor Gott.

Wenn wir uns im Gebet an Gott wenden – und darin ruhig dem Vorbild des Zöllners folgen – dann lassen wir Gott an uns wirken. Oder aber wenn wir das Sündenbekenntnis im Gottesdienst mit allen anderen mitbeten, dann werden wir das Sündersein los und lassen Gott etwas daraus machen. Es mitzubeten, das setzt gar nichts voraus – nicht einmal ein Wissen um die Sünde.

Er aber (*ein Schriftgelehrter*) ... sprach zu Jesus: Wer ist denn mein Nächster? Da antwortete Jesus und sprach: Es war ein Mensch, der ging von Jerusalem hinab nach Jericho und fiel unter die Räuber; die zogen ihn aus und schlugen ihn und machten sich davon und ließen ihn halbtot liegen. Es traf sich aber, dass ein Priester dieselbe Straße hinabzog; und als er ihn sah, ging er vorüber. Desgleichen auch ein Levit: als er zu der Stelle kam und ihn sah, ging er vorüber.

Ein Samariter aber, der auf der Reise war, kam dahin; und als er ihn sah, jammerte er ihn; und er ging zu ihm, goss Öl und Wein auf seine Wunden und verband sie ihm, hob ihn auf sein Tier und brachte ihn in eine Herberge und pflegte ihn. Am nächsten Tag zog er zwei Silbergroschen heraus, gab sie dem Wirt und sprach: Pflege ihn; und wenn du mehr ausgibst, will ich dir's bezahlen, wenn ich wiederkomme. ...

Das ist die wohl wichtigste Geschichte für die biblische Ethik. Eine Geschichte vom barmherzigen Tun des Guten an einem Menschen, der diesem Samariter zum Nächsten geworden ist.

Jesus erzählt dem Schriftgelehrten diese anschauliche Geschichte als Antwort auf die abstrakte Frage nach dem Nächsten. Mein Nächster ist nicht einfach jeder Mensch, sondern er kann mir und ich kann ihm zum Nächsten werden in einer bestimmten Situation und mit einem bestimmten Tun der Barmherzigkeit.

Jesus will den Fragenden, aus dessen Mund wir zuvor, in der Rahmenhandlung, das Doppelgebot der Liebe hören, nicht argumentativ überzeugen, sondern ihn selbst hineinziehen in das Tun der Barmherzigkeit – das Tun des Guten hier und da konkret.

Barmherzig sein

Da ist der, der die Barmherzigkeit tat. Und die anderen?

Priester und Levit, die ihn liegen sahen und einfach vorübergingen, ihm nicht zum Nächsten wurden, ihm nicht Gutes taten.

Die Räuber, die ihn beraubten und niederschlugen und einfach liegen ließen – die, die ihm Böses taten.

Warum? Wir versuchen, es zu verstehen. Waren sie ganz einfach frei in ihrem Handeln, Böses zu tun an einem Menschen oder aber nicht, Gutes zu tun an einem Menschen oder aber nicht?

Kann der Mensch wählen zwischen gut und böse? Ist er darin wirklich frei? Nach den Erfahrungen der Bibel ist Freiheit etwas anderes als eine freie Wahl zwischen gut und böse. Der wahrhaft freie Mensch kann sich nur für Gutes entscheiden. Besser aber: Gutes tun. Aber er kann sehr wohl, dieser Freiheit entgegen, Böses tun – so wie die Räuber. Oder Gutes einfach *nicht* tun – so wie Priester und Levit.

Und da ist dann immer einer, der böses Tun erleidet, das andere ihm antun. Oder das entbehrt, was andere ihm an Gutem schuldig geblieben sind.

Aber da ist dann auch der, der Gutes erfährt, wenn ihm jemand zum Nächsten wird. Oder der Gutes an einem Menschen tut und ihm darin zum Nächsten wird.

Der ältere Sohn – Lukas 15,24b–32

Und sie fingen an, fröhlich zu sein. Aber der ältere Sohn war auf dem Feld. Und als er nahe zum Hause kam, hörte er Singen und Tanzen und rief zu sich einen der Knechte und fragte, was das wäre. Der aber sagte ihm: Dein Bruder ist gekommen, und dein Vater hat das gemästete Kalb geschlachtet, weil er ihn gesund wieder hat. Da wurde er zornig und wollte nicht hineingehen.

Da ging sein Vater heraus und bat ihn. Er antwortete aber und sprach zu seinem Vater: Siehe, so viele Jahre diene ich dir und habe dein Gebot noch nie übertreten, und du hast mir nie einen Bock gegeben, dass ich mit meinen Freunden fröhlich gewesen wäre. Nun aber, da dieser dein Sohn gekommen ist, der dein Hab und Gut mit Huren verprasst hat, hast du ihm das gemästete Kalb geschlachtet.

Er aber sprach zu ihm: Mein Sohn, du bist allezeit bei mir, und alles, was mein ist, das ist dein. Du solltest aber fröhlich und guten Mutes sein; denn dieser dein Bruder war tot und ist wieder lebendig geworden, er war verloren und ist wiedergefunden.

Die Gleichniserzählung ist bekannt unter dem Titel „Der verlorene Sohn“ und wird oft verkürzt auf den ersten Teil – auf den jüngeren Sohn, den Sünder, der sein Erbe verprasst und dann mit leeren Händen zurückkehrt – um mit offenen Armen vom Vater empfangen zu werden.

Wer ist dieser ältere Sohn – ein Gerechter? Der Vater will ihn dazu bewegen, sich über die Rückkehr des Bruders zu freuen und mitzufeiern. Demgegenüber appelliert der ältere Sohn an die Gerechtigkeit des Vaters: Die Liebe des Vaters müsse innerhalb der Grenzen des Gerechten bleiben. Gewiss, der ältere Sohn spielt sich als Richter über seinen jüngeren Bruder auf, aber er urteilt wohl recht. Der Vater jedenfalls widerspricht seinem älteren Sohn nicht.

In diesem Gleichnis wird weder das Sündersein des jüngeren Sohnes noch die Gerechtigkeit des älteren Sohnes in Frage gestellt. Beiden gilt die barmherzige Vaterliebe Gottes.

Liebe gönnen

Muss ich erst fortgehen, das Vaterhaus verlassen, sündigen, um dann liebevoll vom Vater wieder aufgenommen zu werden? Das mag sich der ältere *Sohn* fragen. Keine Sorgen hat er ihm gemacht. Er ist bei ihm geblieben und hat Haus und Hof bewirtschaftet, hat nicht sein Geld mit Huren verprasst.

Recht hat er. Das muss auch der Vater gelten lassen. Und das lässt er gelten. Kein Vorwurf. Doch der „gerechte" Sohn hat auch etwas davon gehabt. Er hat die Vaterliebe Gottes die ganze Zeit über gehabt.

Hier steht die göttliche Gerechtigkeit auf dem Spiel. Sie steht bis heute für viele auf dem Spiel: *warum ich, warum nicht er?* Warum hat dieser offensichtlich das Wohlwollen Gottes, jener aber nicht? Erinnern wir den Neid Kains auf seinen Bruder Abel, dem Gott offensichtlich größeres Wohlwollen entgegengebracht hat.

Sind alle unsere Sympathien jetzt auf der Seite des älteren Sohnes? Die Sympathie Gottes ist *auch* auf seiner Seite. Verständnisvoll geht er auf seinen Sohn zu und bittet ihn, barmherzig zu sein mit seinem Bruder. Liebe zu zeigen für seinen Bruder – nicht aber für diesen da – „deinen Sohn".

Liebe und Barmherzigkeit sind mehr als Gerechtigkeit und oft dringend nötig. Hier lassen sich viele Beispiele aus der menschlichen Lebenswelt nennen. Denken wir nur an das Zusammenleben in der Familie. Manches Kind braucht einfach mehr Zuwendung und Aufmerksamkeit als das andere. Manches Kind ist in die Irre gegangen und findet nur mühsam den Weg zurück. Die einen fordern Gerechtigkeit! Die anderen brauchen Liebe und Barmherzigkeit.

Jesus erzählt in diesem Gleichnis von seinem Vater – gewiss erzählt er auch von uns Menschen.

Der Weinbergbesitzer – Matthäus 20,1f.8–15

Denn das Himmelreich gleicht einem Hausherrn, der früh am Morgen ausging, um Arbeiter für seinen Weinberg einzustellen. Und als er mit den Arbeitern einig wurde über einen Silbergroschen als Tagelohn, sandte er sie in seinen Weinberg ...

Als es nun Abend wurde, sprach der Herr des Weinbergs zu seinem Verwalter: Ruf die Arbeiter und gib ihnen den Lohn und fang an bei den Letzten bis zu den Ersten.

Da kamen, die um die elfte Stunde eingestellt waren, und jeder empfing seinen Silbergroschen. Als aber die ersten kamen, meinten sie, sie würden mehr empfangen; und auch sie empfingen ein jeder seinen Silbergroschen. Und als sie den empfingen, murrten sie gegen den Hausherrn und sprachen: Diese letzten haben nur eine Stunde gearbeitet, doch du hast sie uns gleichgestellt, die wir des Tages Last und Hitze getragen haben.

Er antwortete aber und sagte zu einem von ihnen: Mein Freund, ich tu dir nicht Unrecht. Bist du nicht mit mir einig geworden über einen Silbergroschen? Nimm, was dein ist, und geh! Ich will aber diesen Letzten dasselbe geben wie dir. Oder habe ich nicht Macht zu tun, was ich will, mit dem, was mein ist? Siehst du scheel drein, weil ich so gütig bin? ...

Sie wissen, was in der Textlücke geschieht? Am Mittag, am Nachmittag und kurz vor Feierabend werden ebenfalls Arbeiter eingestellt – mit dem Versprechen: „Ich will euch geben, was recht ist."

Das Gleichnis Jesu will Anschauung geben vom Reich Gottes, wie es in Jesus Christus gegenwärtig ist. Es weist hin auf den Vater im Himmel, der in dem Gleichnis als Weinbergbesitzer agiert und in bestimmter Weise zeigt, wie er mit seinem Gut umgeht: die besondere Gerechtigkeit Gottes.

Das Gleichnis kann aber zugleich aufmerksam machen auf die gesellschaftliche Wirklichkeit und den Umgang mit der Gerechtigkeit in Gesellschaft, Wirtschaft und Politik und kann hier eine bestimmte Sichtweise in das Gespräch einbringen.

Teilen können

„Wenn man viel hat, dann macht das Geben erst so richtig Spaß!" – So ähnlich sagte es einmal ein reicher Geschäftsmann und wollte den anderen Reichen ein gutes Beispiel geben. Ob es gewirkt hat?

Vielleicht würde Jesus, der das Gleichnis erzählt hat, mit dem Kopf nicken: So ähnlich habe ich das damals gemeint. Und bezogen auf Gott habe ich sagen wollen: Die Lust Gottes, seine Menschen zu beschenken mit seinen guten Gaben, zum Beispiel mit seiner Gerechtigkeit, ist überschwänglich groß.

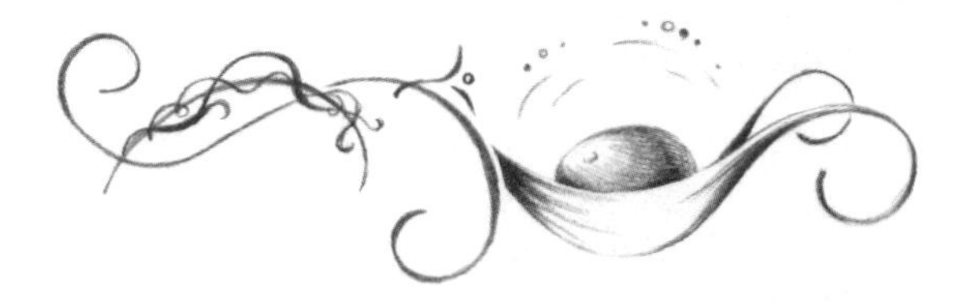

Auf der anderen Seite sind die, die die guten Gaben brauchen. Hier zunächst einmal: Arbeit, von deren Ertrag die Arbeiter sich und die Familien ernähren können – keine Almosen. Sie bekommen Arbeit. Sie handeln einen Vertrag aus – jedenfalls die, die zuerst eingestellt werden. Später dann vergleichen sie ihren Lohn miteinander. Genau hier hat der Streit um die Gerechtigkeit seinen Ort.

Neben die Gerechtigkeit tritt im Verhalten des Weinbergbesitzers – und gewiss bei Gott – die Güte. Und das provoziert die, die Gerechtigkeit als alleiniges Prinzip akzeptieren. Gott ist darin frei, gütig zu sein und seine Gaben an die zu verteilen, die sie brauchen.

Vater im Himmel – Matthäus 5,43–48

Ihr habt gehört, dass gesagt ist: „Du sollst deinen Nächsten lieben“ und deinen Feind hassen. Ich aber sage euch: Liebt eure Feinde und bittet für die, die euch verfolgen, damit ihr Kinder seid eures Vaters im Himmel. Denn er lässt seine Sonne aufgehen über Böse und Gute und lässt regnen über Gerechte und Ungerechte. Denn wenn ihr liebt, die euch lieben, was werdet ihr für Lohn haben? Tun nicht dasselbe auch die Zöllner? Und wenn ihr nur zu euren Brüdern freundlich seid, was tut ihr Besonderes? Tun nicht dasselbe auch die Heiden? Darum sollt ihr vollkommen sein, wie euer Vater im Himmel vollkommen ist.

Die sechste Antithese steht in dem ersten großen Redekomplex des Matthäusevangeliums, der Bergpredigt (Matthäus 5–7). Die Bergpredigt ist neben den zehn Geboten die zentrale Quelle für die biblische Ethik. Das Besondere an der Predigt Jesu insgesamt ist dies, dass sie bestimmt ist von der Nähe des Gottesreichs.

Die Liebesforderungen Jesu sind innerhalb des Gegenwärtigseins des Heils zu hören: In Jesus ist die Liebe Gottes für Menschen gegenwärtig, und das bedeutet, dass der Wille Gottes getan werden *kann*. Gott handelt in dieser Welt durch seine Liebe und Güte an allen Menschen, auch wenn diese es nicht sehen und nicht mit Gott mithandeln.

Die Feindesliebe macht nicht einfach aus Feinden Freunde. Hier sollte kein falsches Pathos aufkommen. Die Feindesliebe ist nicht der Gipfel der natürlichen Menschenliebe. Aber das Gebet für die Feinde stellt Freund und Feind vor den gemeinsamen Vater im Himmel, der die Sonne aufgehen lässt und es regnen lässt über alle und der so ihm und mir in gleicher Weise das Leben erhält.

Auch der Feind, mein persönlicher oder ein kollektiver, wird von Gott geliebt und als Partner ersehnt. Feindesliebe ist eine Gabe Gottes. Vollkommenheit meint die Treue und Loyalität Gott gegenüber – im Denken, Fühlen und Handeln.

Den Feind mit Gottes Augen ansehen

Können wir uns immer gut sein, uns immer lieben? Wohin mit den starken Affekten wie Wut und Hass? – So fragen sich Menschen, wenn sie anderen Menschen Feind sind und wenn sie dabei das Liebesgebot im Ohr und im Herzen haben: *Liebet eure Feinde!*

Selbstliebe ist doch etwas Gutes, etwas Lebensnotwendiges – halten wir dann dagegen und lesen die Selbstliebe aus dem Doppelgebot der Liebe heraus: „Du sollst Gott den Herrn lieben von ganzem Herzen und deinen Nächsten *wie dich selbst.*" Doch Selbstliebe und Nächstenliebe sind nicht gegeneinander ins Feld zu führen.

Wie können Menschen sich miteinander versöhnen? „Sei mir wieder gut!" So können nicht nur Kinder bitten. „Sei wieder mein Freund, meine Freundin!" Das sagen nicht nur Kinder zueinander. Wie schön, wenn das Bitten erhört wird.

Wie schön, dass Gott, der Frieden stiften will und der uns alle seine Freunde, seine Kinder nennt, uns miteinander befrieden und befreunden will. Stellen Sie sich vor, Sie sitzen mit einem Menschen, dem Sie Feind sind, beim Abendmahl zusammen und werden aufgefordert: Gebt euch untereinander ein Zeichen des Friedens. Vielleicht genügt manchmal ein halbherziges Lachen oder es langt zu einem festen Händedruck oder zu einer richtigen Umarmung.

Gott will die Chance bekommen, Frieden zu stiften, um Menschen untereinander zu Freunden zu machen. Nicht in alle Ewigkeit – aber immer wieder neu, hier und da.

Jünger Jesu – Matthäus 5,13–16

Ihr seid das Salz der Erde. Wenn nun das Salz nicht mehr salzt, womit soll man salzen? Es ist zu nichts mehr nütze, als dass man es wegschüttet und lässt es von den Leuten zertreten. Ihr seid das Licht der Welt. Es kann die Stadt, die auf einem Berge liegt, nicht verborgen sein. Man zündet auch nicht ein Licht an und setzt es unter einen Scheffel, sondern auf einen Leuchter; so leuchtet es allen, die im Hause sind. So lasst euer Licht leuchten vor den Leuten, damit sie eure guten Werke sehen und euren Vater im Himmel preisen.

Der Glaube und das Tun der guten Werke gehören aufs Engste zusammen. Martin Luther hat es so gesagt, dass der Glaube durch Werke geübt werden soll und das meint nicht, dass zum Glauben nun doch noch etwas dazu käme. Der Text verbietet, sich seiner eigenen Taten zu rühmen, denn die Taten des Menschen sollen nicht Menschen ehren, sondern Gott. Es handelt sich bei dem, was die Jünger tun sollen, nicht um qualifizierte Leistungen oder Verzichtleistungen, um sich durch sie die Anerkennung Gottes zu verdienen. Sondern um das, was hier und da konkret zu tun ist, was dem Menschen vor die Füße gelegt wird. Christen und Christinnen leben bei allem, was sie selbst tun, in der Erwartung des Handelns Gottes. Sie bitten, dass ihr eigenes Tun umschlossen wird von der Güte und Gerechtigkeit Gottes.

Von den guten Werken zu reden heißt nicht nur von Verantwortung oder von der rechten Gesinnung zu reden, sondern von den ganz bestimmten guten Werken, wie sie von Jesus beispielhaft benannt werden. Die drei Bilder vom Salz, Licht und Stadt, die hier benutzt werden, sind offen gehalten und dadurch vielseitig zu deuten.

Sichtbar sein

Selbstinszenierung wird heute gefordert. Eine gute Selbstdarstellung kann eingeübt werden. In diesem Sinn macht sich auch die Kirche manchmal selbst zum Thema.

Gefordert wird dies: Die Kirche muss öffentlich präsent sein und sich gut darstellen – in den Medien, auf dem Fußballplatz, in den Einkaufszentren usw. Gesehen werden – ist das die Stadt auf dem Berg, die sich gar nicht verstecken kann?

Sollen Christen und Christinnen sich darstellen mit dem, was sie alles leisten, was sie alles zum Wohl der Menschen und der Gesellschaft tun – die guten Werke? Ist das der Sinn der Forderung, Licht der Welt zu sein?

Keine falsche Demut, keine unnötige Bescheidenheit, stattdessen Selbstbewusstsein – so wird es heute gesagt. Ist das der Sinn der Forderung, Salz der Erde zu sein?

Es ist ganz gut, erst einmal selbst kritisch zu sein gegenüber dem eigenen Reden über die Kirche und gegenüber den Erwartungen an die Kirche.

Aus diesen schönen Versen aus der Bergpredigt soll gewiss nicht gehört werden, dass sich die Gemeinde selbst darstellen und rühmen soll bei dem, was sie tut. Vielmehr wird ihr Tun umgelenkt auf Gott den Vater. Zu ihm hin sollen ein möglichst selbstvergessener Glaube und ein möglichst selbstvergessenes Tun der Christen und Christinnen in der Öffentlichkeit der Welt andere Menschen verlocken.

„Gerechte"

Wohl dem,
der nicht wandelt im Rat der Gottlosen,
noch tritt auf den Weg der Sünder,
noch sitzt, da die Spötter sitzen,
sondern hat Lust zum Gesetz des Herrn
und redet von seinem Gesetz Tag und Nacht.
Der ist wie ein Baum,
gepflanzet an den Wasserbächen,
der seine Frucht bringet zu seiner Zeit,
und seine Blätter verwelken nicht,
und was er macht, das gerät wohl.
Aber so sind die Gottlosen nicht,
sondern wie Spreu, die der Wind verstreuet.
Darum bleiben die Gottlosen nicht im Gerichte,
noch die Sünder in der Gemeine der Gerechten.
Denn der Herr kennet den Weg der Gerechten,
aber der Gottlosen Weg vergehet.

Psalm 1

Gerechtigkeit erhöht ein Volk,
aber die Sünde ist der Leute Verderben

Sprüche 14,34

„Sünder“

Jesus sprach zu denen, die die Ehebrecherin steinigen wollten:

„Wer von euch ohne Sünde ist,
der werfe den ersten Stein auf sie.“

Und er fragte die Frau:

„Weib, wo sind die, deine Verkläger?
Hat dich niemand verdammt? ...
So verdamme ich dich auch nicht;
gehe hin und sündige hinfort nicht mehr.“

Johannes 8,7–11 (in Auszügen)

Die kurze Szene mag als Einstimmung auf den zweiten Teil dienen, der Bibeltexte zusammenträgt, die Aspekte des „Sündigens“ thematisieren. Fragen Sie sich selbst: Geht es hier um die Sünde „Ehebruch“? Geht es um eine Frau, die in Sünde gefallen ist? Darum, dass auch die sündigen, die mit den Fingern auf andere zeigen? Darum, dass dieses Leben einfach nicht gelebt werden kann ohne Schuld, ohne Sünde? Und welche Rolle hat Jesus? Welches Urteil spricht er der Sünde? Der Frau? Und wie soll es mit ihr weitergehen?

Adam und Eva – 1 Mose 3,9–13

Und Gott der HERR rief Adam und sprach zu ihm: Wo bist du? Und er sprach: Ich hörte dich im Garten und fürchtete mich; denn ich bin nackt, darum versteckte ich mich. Und er sprach: Wer hat dir gesagt, dass du nackt bist? Hast du nicht gegessen von dem Baum, von dem ich dir gebot, du solltest nicht davon essen? Da sprach Adam: Das Weib, das du mir zugesellt hast, gab mir von dem Baum, und ich aß. Da sprach Gott der HERR zum Weibe: Warum hast du das getan? Das Weib sprach: Die Schlange betrog mich, so dass ich aß ...

Erinnern Sie sich an den Zusammenhang: an die List der Schlange, die Eva dazu bringt, das Tabu des Baumes der Erkenntnis von Gut und Böse zu hinterfragen? Zu „sehen“, dass es von ihm „gut zu essen“ wäre – gut? Oder erinnern Sie sich vor allen an dies: Mann und Frau, Sexualität, Scham und Nacktheit, das gegenseitige Begehren und die menschliche Verführbarkeit?

Aber was begehren Adam und Eva eigentlich? Man könnte sagen, dass sie es gar nicht wissen, bis die Schlange mit ihrer Rede, ihrem Anreiz und ihrem Versprechen in die beiden hineinspricht, die Verführung an sie heran redet. Wollen Adam und Eva wirklich sein wie Gott, ihm Konkurrenz machen? Könnten sie das überhaupt?

Die Dramatik kommt erst von ihrem Ende her in die Geschichte: von den heftigen Strafworten Gottes und der Vertreibung aus dem Paradies. Da wird die „harmlose“ Geschichte zum Sündenfall erklärt, zu einem nicht wieder gutzumachenden Vergehen gegenüber dem Schöpfer.

In der Geschichte vom Sündenfall wird von Gott erzählt und vom ersten Menschenpaar in der guten und geordneten Schöpfung Gottes. Das erste Menschenpaar, das sich verführen lässt und in Distanz zu Gott gerät. Die Geschichte will zum Verstehen bringen, wie die Sünde in der Schöpfung Gottes hervorgetreten ist und immer wieder hervortreten kann: Menschen lassen Gott nicht ihren Gott sein, sie streben von ihm weg und landen manchmal in der Gottesferne.

Von Gott, seinem Auftreten, Reden und Tun wird erzählt wie von einem Menschen. Gottes Fürsorge für Adam und Eva geht weiter ...

Nicht widerstehen

Was sind das für Menschen, die für sich und uns alle das Paradies verloren haben? Es sind genau die beiden Menschen, Mann und Frau, die Gott aus Liebe geschaffen und zueinander geführt hat. Es sind die Menschen, die Gott nach seinem Bilde schuf als Einzige seiner Geschöpfe. Sie leben in und von der Fülle dessen, was Gott ihnen bereitet und zugedacht hat.

Adam und Eva betreiben keinen aktiven Widerstand gegen den Schöpfer, sie hatten keinen Plan zum Putsch. Eher wohl stolpern sie in die Sünde hinein.

Menschen, die sich aus der unmittelbaren Nähe zu Gott herauslocken lassen, indem sie auf die Worte der Schlange hören: Sollte Gott gesagt haben ...? Die sich versuchen lassen von der Schlange, die wie alle anderen Tiere vom Schöpfer geschaffen wurde. Kein Teufel hat sich hier ins Paradies geschlichen!

Die Versuchung kann in der guten Schöpfung Gottes selbst hervorbrechen als ein Begehren. – Vieles stellt sich so dar, dass Menschen es begehren. Menschliches Begehren ist keineswegs nur negativ zu verstehen. Etwas begehren, im Leben auf etwas Bestimmtes ausgerichtet zu sein und dieses Ziel zu verfolgen, das gehört zu uns Menschen.

Das Begehrte aber bedenken- und rücksichtslos zu verfolgen, das kann von Gott wegführen. Das Gegenteil wäre heilvoll: Gott zu begehren, auf ihn ausgerichtet werden, weil wir von ihm herkommen und weil er auf uns zukommt.

Adam und Eva werden von Gott des Gartens verwiesen. Aber sie bleiben in der Geschichte Gottes. Die Geschichte der Menschheit nimmt hier erst ihren Anfang. Menschen sollen und werden weiterhin die Erde bebauen und hoffentlich bewahren und sie werden Kinder bekommen.

Kain – 1 Mose 4,13-17

Und der HERR sah gnädig an Abel und sein Opfer, aber Kain und sein Opfer sah er nicht gnädig an. Da ergrimmte Kain sehr und senkte finster seinen Blick. Da sprach der HERR zu Kain: Warum ergrimmst du? Und warum senkst du deinen Blick? Ist's nicht also? Wenn du fromm bist, so kannst du frei den Blick erheben. Bist du aber nicht fromm, so lauert die Sünde vor der Tür, und nach dir hat sie Verlangen; du aber herrsche über sie.

Da sprach Kain zu seinem Bruder Abel: Lass uns aufs Feld gehen! Und es begab sich, als sie auf dem Felde waren, erhob sich Kain wider seinen Bruder Abel und schlug ihn tot. Da sprach der HERR zu Kain: Wo ist dein Bruder Abel? Er sprach: Ich weiß nicht; soll ich meines Bruders Hüter sein? Er aber sprach: Was hast du getan? Die Stimme des Blutes deines Bruders schreit zu mir von der Erde...

Der erste Mord in der Bibel ist ein Brudermord. Wenn das erste Menschenpaar der Bibel Mann und Frau sind, dann sind das zweite Menschenpaar Geschwister: leibliche Geschwister und zugleich Menschheitsgeschwister. Gott ist auf zweifache Weise verwickelt in diese Geschichte. Er scheint der Verursacher dafür zu sein, dass Ungleichheit zwischen den Brüdern entsteht, die zu Lebensneid bei Kain führt.

Der Text liefert keine Erklärung. Versuche im Neuen Testament, Abels fromme Gesinnung beim Opfern zu betonen und Kain eher etwas zwielichtig zu sehen - eben einen Sünder und einen Gerechten - helfen nicht weiter.

Gott sieht in das unruhige und verschlossene Herz Kains und ermahnt ihn, das Böse nicht zu tun. Dies ist interpretiert worden als Stimme des Gewissens oder auch als Aufforderung, den Begierden zu widerstehen. Gott kann die Tat nicht verhindern.

Aber auch nach der Tat bemüht sich Gott um Kain. Mit einer Frage ruft er in die Verantwortung, gibt die Gelegenheit zum Geständnis. Mit einem Schutzzeichen stattet er den Mörder dann schließlich aus, damit ist dieser in den persönlichen Schutz Gottes gestellt (= Menschenschutz).

Ergrimmen

Abel steh auf / es muss neu gespielt werden / täglich muss neu gespielt werden

So beginnt ein Gedicht von Hilde Domin. Neu und anders soll es zugehen. Am besten ohne Brudermord und Schwesternmord. Schlimm, wir würden diese Sehnsucht aufgeben und einfach nur der Realität Recht geben. Warten auf Erlösung ist angesagt, auch wenn in dieser Geschichte noch nichts davon zu entdecken ist.

Das kann ein Impuls dieser Geschichte sein: im Nächsten den Bruder oder die Schwester sehen, ihr Antlitz wahrnehmen und den Blick nicht abwenden und sich nicht umwenden.

Und wohin mit dem Neid, dem „Grimm"? Dass dem anderen das Leben zu gelingen scheint und mir nicht. Dass ich Leben in Fülle habe und meine Nächste Mangel hat. Dass diese Ungleichheit uns zu schaffen macht.

Gewiss, dass aus Neid heraus Böses getan wird, wollen wir gern verhindern. Auch das, dass überhaupt ein solcher Neid, ein Grimm entsteht? Gott konnte es bei Kain nicht verhindern.

Sich selbst behaupten wollen, das kann zum Tun des Bösen führen, kann einen Menschen grimmig machen gegenüber seinem Mitmenschen und gegenüber Gott. Wir können das nicht einfach Kain in die Schuhe schieben und damit fertig sein wollen.

Hüter des Bruders und der Schwester sein, dazu werden wir ermahnt – auch durch die letzte Strophe des Gedichts:

Wie sollte ich nicht dein Hüter sein / täglich steh auf / damit wir es vor uns haben / dies Ja ich bin hier / ich / dein Bruder'

Menschen – 1 Mose 8,18–22

So ging Noah heraus mit seinen Söhnen und mit seiner Frau und den Frauen seiner Söhne, dazu alle wilden Tiere, alles Vieh, alle Vögel und alles Gewürm, das auf Erden kriecht; das ging aus der Arche, ein jedes mit seinesgleichen. Noah aber baute dem HERRN einen Altar und nahm von allem reinen Vieh und von allen reinen Vögeln und opferte Brandopfer auf dem Altar.

Und der HERR roch den lieblichen Geruch und sprach in seinem Herzen: Ich will hinfort nicht mehr die Erde verfluchen um der Menschen willen; denn das Dichten und Trachten des menschlichen Herzens ist böse von Jugend auf. Und ich will hinfort nicht mehr schlagen alles, was da lebt, wie ich getan habe. Solange die Erde steht, soll nicht aufhören Saat und Ernte, Frost und Hitze, Sommer und Winter, Tag und Nacht.

Erinnern wir uns an den Zusammenhang: Die Flut ist vorbei. Noah und seine Familie und mit ihnen die Tiere blieben bewahrt. Noah dankt für die Rettung, indem er Brandopfer darbringt. Gott lässt sich ins Herz blicken: Er will keine Vernichtung mehr, obwohl die Menschen *nicht* besser geworden sind.

Gott wiederholt die Feststellung, die er vor der Flut getroffen hat. Gewiss, das Begehren und Wollen, das aus dem Inneren des Menschen kommt, ist offensichtlich auf alles Mögliche aus, nur nicht auf Gott. Doch nicht der Mensch ist böse, etwa sein Wesen, sondern das Trachten seines Herzens.

Gott hat aber nicht einfach nur mit den Tatsachen abgefunden, vielmehr agiert er in die Geschichte der Menschen hinein. Hier mit der Zusage seiner Treue gegenüber den Menschen und allem von ihm Geschaffenen und der irdischen Zeit.

Nie mehr will Gott vernichten. Fortan sind hinter schrecklichen Katastrophen auf der Erde keine Vernichtungsabsichten Gottes zu vermuten. Die Geschichte von der Sintflut bleibt kein Mythos, auch kein Bericht von einer großen lokalen Flut oder Umweltkatastrophe, vielmehr spricht sie vom Gericht Gottes, das zu der Geschichte Gottes gehört, die Gottes heilsames Handeln umgreift.

Böse sein

Da bist du aber böse gewesen! – Das sagen Erwachsene manchmal zu Kindern, wenn sie etwas Schlimmes angerichtet haben. Und das muss keine finstere Pädagogik sein. Pädagogisch wollte man Böses gewiss gerne abschaffen oder aber versuchen, das böse Tun zu erklären und zu verstehen. Aber so recht scheint das nicht gelungen zu sein.

Ich will fragen: Kann es nicht direkt manchmal gut tun, böses Tun konkret zu benennen und in einer bestimmten Situation zu sagen oder zu hören, um es danach auch wieder gut sein lassen zu können? Kann es nicht besser sein, als wenn aus dem Kind oder Erwachsenen, der hier und da Böses getan hat, ein böses Kind oder ein böser Mensch wird?

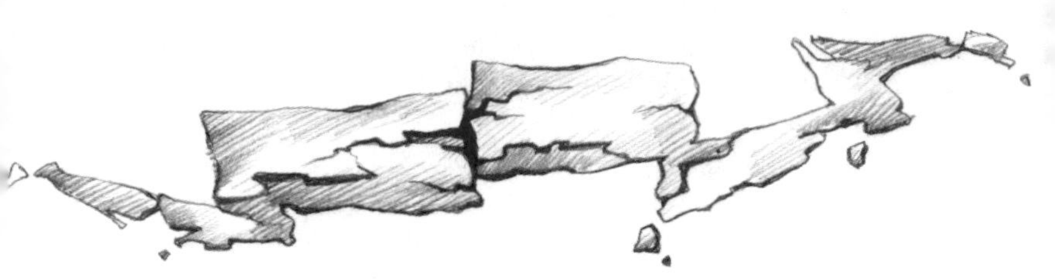

Was kommt danach? Nicht nur Kinder fürchten, dass Eltern oder Erzieher nachtragend sind. Dass das böse Tun irgendwann wieder aufs Tapet kommt. Dass es sich später noch im Leben auswirken wird. Dass sich andere an ihnen rächen werden. Oder dass die anderen jetzt nichts mehr von ihnen halten.

Böse sein kann einem selbst Angst machen.

Gott ist nicht nachtragend. Er hat nicht resigniert und seine Geschöpfe nicht aufgegeben – trotz der Sünde. Er will neues Leben möglich machen, weil er seine Geschöpfe leidenschaftlich liebt.

Sodom und Gomorra – 1 Mose 18,20–22

Und der HERR sprach: Es ist ein großes Geschrei über Sodom und Gomorra, dass ihre Sünden sehr schwer sind. Darum will ich hinabfahren und sehen, ob sie alles getan haben nach dem Geschrei, das vor mich gekommen ist, oder ob's nicht so sei, damit ich's wisse. Und die Männer wandten ihr Angesicht und gingen nach Sodom.

Schwere Klage ist zu Gott gekommen über zwei Städte, die offensichtlich der Lage selbst nicht mehr Herr werden. Vernichtung droht. Aber zuerst will Gott wissen, was dran ist an dem „Geschrei". Er sendet Boten. Möglicherweise wissen Sie, was die Boten erwartet: ein einziger Gerechter, Lot, der Gastfreundschaft bietet. Und ein Mob vor Lots Tür, der die Gastfreundschaft mit Füßen tritt. Schlimmer, als vorstellbar ist. Missachtete Gastfreundschaft als ein Beispiel für die absolute Verdorbenheit der Gemeinschaft.

Sie wissen vielleicht auch von der großen Chance, die Abraham den beiden Städten noch eröffnet hatte: Verhandelt hat er mit Gott und Gott hat mit sich reden lassen: Würden sich 50, 40, 30, 10 Gerechte finden in Sodom und Gomorra, so würde Gott den Städten in ihrer Gesamtheit verzeihen. Zehn Gerechte – sie könnten all die „Sünder" stellvertretend retten.

Gefunden wird nur einer. Einer kann das Recht nicht aufrichten gegen die Mehrheit. So rettet er allein sein eigenes Leben. – Das traurige Ende, das dann erzählt wird, mag Reflexion und Deutung einer historischen Katastrophe sein.

Sodom und Gomorra wurden zur Chiffre für hoffnungslose Verderbtheit. In der Bibel gibt es noch weitere Städte, die dieses Urteil trifft: Ninive (das sich dann wandelt), Babel (Jesaja 14), Jerusalem (Jesaja 5; Ezechiel 16), Tyrus (Ezechiel 26 und 27), Sidon (Ezechiel 28,20–24) u.a. – und immer sind die Symptome die gleichen: Unrecht, Gewalt, Unterdrückung der Schwachen, Willkür, Stolz.

Verderben

Wann reden wir alltagssprachlich von Sodom und Gomorra?
Wenn wir einen Raum betreten, der im Chaos versinkt?

Da, wo kein Ding an seinem Platz steht
und jedes einzelne Ding gesucht werden muss.

Sünde hat zu tun mit Unordnung. Gerechtigkeit mit Ordnung.
Da, wo alles an seinem Platz steht.

Ein Gerechter ist dann der,
der die Dinge an den rechten Platz stellt,
den Platz, der dafür vorgesehen ist.

So sieht es Gershom Scholem und meint weiter:

Die Unordnung in der Welt ist der Grund
für die Ungerechtigkeit
und das Anstößige,
das Verwerfliche.

Deshalb will der Gerechte,
dem die Tora Anleitung und Gebot der Ordnung ist,
versuchen,
die Welt in Ordnung
zu halten.

Josefs Brüder – 1 Mose 50,15–20

Die Brüder Josefs aber fürchteten sich, als ihr Vater gestorben war, und sprachen: Josef könnte uns gram sein und uns alle Bosheit vergelten, die wir an ihm getan haben. Darum ließen sie ihm sagen: Dein Vater befahl vor seinem Tode und sprach: So sollt ihr zu Josef sagen: Vergib doch deinen Brüdern die Missetat und ihre Sünde, dass sie so übel an dir getan haben. Nun vergib doch diese Missetat uns, den Dienern des Gottes deines Vaters! Aber Josef weinte, als sie solches zu ihm sagten.

Und seine Brüder gingen hin und fielen vor ihm nieder und sprachen: Siehe, wir sind deine Knechte. Josef aber sprach zu ihnen: Fürchtet euch nicht! Stehe ich denn an Gottes Statt? Ihr gedachtet es böse mit mir zu machen, aber Gott gedachte es gut zu machen, um zu tun, was jetzt am Tage ist, nämlich am Leben zu erhalten ein großes Volk. So fürchtet euch nun nicht; ich will euch und eure Kinder versorgen. Und er tröstete sie und redete freundlich mit ihnen...

Erinnern wir die Tat der Brüder, die aus Eifersucht, Neid und Hass geboren war. Sie trachteten danach, den vom Vater geliebten und bevorzugten Bruder Josef zu töten, und verkauften ihn schließlich an vorüberziehende Händler. Diese Tat und damit verbundene Schuldgefühle und Ängste durchziehen unausgesprochen die weitere Josefsgeschichte und warten auf „Erlösung“.

Dann stirbt der Vater und die Brüder wissen: Jetzt kann der Konflikt neu entflammen; jetzt könnte Josef die Gelegenheit zur Rache ergreifen. Die Brüder versuchen es mit einer List und Lüge: Der Vater habe auf dem Sterbebett zur Versöhnung gerufen. – Ob Josef diese Lüge glaubt oder durchschaut, sei dahingestellt. Er hat eine andere „Lösung“: Ihr seid nicht, wie ihr meint, in meiner, ihr seid in Gottes Hand.

Sündenvergebung ist nur Gott möglich. Hier wird die schuldhafte Verkettung der Brüder aufgebrochen, wenn Gott ins Spiel kommt und zwischen Opfer und Täter tritt.

Nicht zur Ruhe kommen

Schuldig werden.
Nicht zur Ruhe kommen.
Vergeltung fürchten.
Vom schlechten Gewissen geplagt.
Misstrauen bleibt.

Sie hatten sich schon in den Armen gelegen,
hatten sich ausgesprochen,
hatten selbst ihrer Sippe Gutes getan
und Gutes erfahren – die Brüder.
Hatten Prüfungen Josefs bestanden,
die nicht frei waren von Bosheit –
die Brüder.

Die Furcht blieb,
der große Unterschied zwischen Josef
und den Brüdern auch
und die Abhängigkeit.

Doch alles wendet sich zum Guten.
Josef spielt sich nicht auf.
Nicht er vergibt den Brüdern,
die vielleicht immer noch skeptisch sind.

Gott allein kann Sünden vergeben.
Er hatte von Anfang an einen Plan,
hat im Verborgenen gehandelt,
das böse Tun zum Guten gewendet.
Das kann nur Gott.

Pharao – 2 Mose 1,8–14

Da kam ein neuer König auf in Ägypten, der wusste nichts von Josef und sprach zu seinem Volk: Siehe, das Volk Israel ist mehr und stärker als wir. Wohlan, wir wollen sie mit List niederhalten, dass sie nicht noch mehr werden. Denn wenn ein Krieg ausbräche, könnten sie sich auch zu unsern Feinden schlagen und gegen uns kämpfen und aus dem Lande ausziehen.

Und man setzte Fronvögte über sie, die sie mit Zwangsarbeit bedrücken sollten. Und sie bauten dem Pharao die Städte Pitom und Ramses als Vorratsstädte. Aber je mehr sie das Volk bedrückten, desto stärker mehrte es sich und breitete sich aus. Und es kam sie ein Grauen an vor Israel.

Da zwangen die Ägypter die Israeliten unbarmherzig zum Dienst und machten ihnen ihr Leben sauer mit schwerer Arbeit in Ton und Ziegeln und mit mancherlei Frondienst auf dem Felde, mit all ihrer Arbeit, die sie ihnen auflegten ohne Erbarmen ...

Die Nachkommen Israels leben in Ägypten und mehren sich, wie es Gott Abraham verheißen hat. Die Ägypter hatten offensichtlich nicht in ihrem Gedächtnis bewahrt, was die Israeliten veranlasst hatte, in ihr Land zu kommen: Asylanten auf der Suche nach Nahrung. Josef, dem seinerseits die Ägypter ihr Überleben verdankten, scheint vergessen. Von einem spannungsvollen Zusammenleben der Israeliten und Ägypter im Hinblick auf Kultur und Religion ist nicht die Rede. Auch nicht von äußerer Not wie Hunger oder Krieg.

Der Pharao betreibt eine Bevölkerungspolitik, die vor nichts zurückschreckt. Er fühlt sich durchaus verantwortlich gegenüber seinem eigenen Volk und sieht wahrscheinlich die schrecklichen Unterdrückungsmaßnahmen dadurch legitimiert: Der Zweck heiligt die Mittel?

Die Unterdrückungsmaßnahmen werden gewalttätiger, das Töten rückt immer näher und gipfelt später in einem königlichen Edikt: Alle neugeborenen Söhne der Israeliten sollen in den Nil geworfen werden. Ohne Erbarmen!

Unterdrücken

Die Existenz des Volkes Gottes (Israel) ist bis heute immer wieder bedroht. Die Einmaligkeit dieses erwählten Volkes steht auf dem Spiel.

Sünde vor Gott und den Menschen

Völker weltweit sind bedroht von anderen Völkern. Stämme kämpfen in Afrika nebeneinander und nicht selten gegeneinander.

Sünde vor Gott und den Menschen

Machtgeile Diktatoren unterdrücken ihr eigenes Volk, fürchten sich vor Aufständen.

Sünde vor Gott und den Menschen

Gewalt kann auf subtile Weise ausgeübt werden. Handelsbeschränkungen, Zölle, Vorschriften. Grenzkontrollen. Gewissenskontrollen. Unterdrückte Meinungsfreiheit, Wahlfreiheit. Vorgezeichnete Berufs- und Lebenswege.

Sünde vor Gott und den Menschen

Sünde entdecken und benennen ist nötig und doch gar nicht so einfach. Jedenfalls: Durch Argumentieren und Erklären werden wir die Sünde nicht abschaffen.

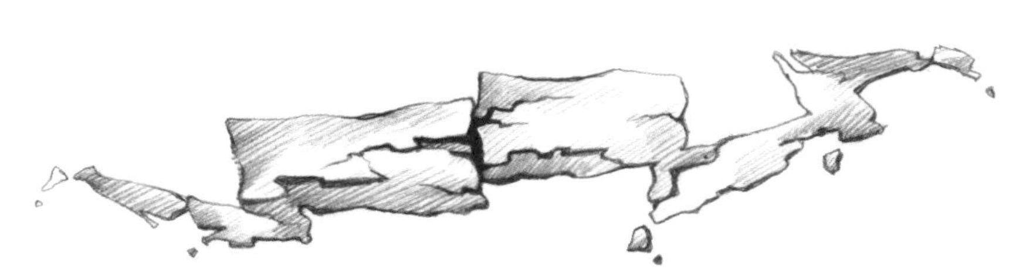

Volk Israel – 2 Mose 32,1–8

Als aber das Volk sah, dass Mose ausblieb und nicht wieder von dem Berge zurückkam, sammelte es sich gegen Aaron und sprach zu ihm: Auf, mach uns einen Gott, der vor uns hergehe! Denn wir wissen nicht, was diesem Mann Mose widerfahren ist, der uns aus Ägyptenland geführt hat. Aaron sprach zu ihnen: Reißet ab die goldenen Ohrringe an den Ohren eurer Frauen, eurer Söhne und eurer Töchter und bringt sie zu mir. Da riss alles Volk sich die goldenen Ohrringe von den Ohren und brachte sie zu Aaron. Und er nahm sie von ihren Händen und bildete das Gold in einer Form und machte ein gegossenes Kalb.

Und sie sprachen: Das ist dein Gott, Israel, der dich aus Ägyptenland geführt hat! Als das Aaron sah, baute er einen Altar vor ihm und ließ ausrufen und sprach: Morgen ist des HERRN Fest. Und sie standen früh am Morgen auf und opferten Brandopfer und brachten dazu Dankopfer dar. Danach setzte sich das Volk, um zu essen und zu trinken, und sie standen auf, um ihre Lust zu treiben ...

Während Mose die zehn Gebote in Empfang nimmt, geschieht das Unvorhersehbare: Dieser wortkarge Führer Mose fehlt ihnen. Mose, der in großer Nähe zu Jahwe steht, seinem Herzen nahe ist und bei ihm beredt wird. Das Volk macht einen Aufstand gegen seinen Bruder Aaron: Sie wollen einen sichtbaren Führer, einen Gott zum Anfassen und Anschauen, nicht nur seine Worte – mitgeteilt von Mose – hören. Einen Gott in Gestalt, der sie ausgelassen leben lässt.

Doch das ist nicht mehr der Gott, der sie aus der Sklaverei geführt hat. Erinnern wir uns an das erste Gebot (das freilich die Israeliten hier noch nicht kannten!): „Ich bin der Herr, dein Gott, der dich aus Ägyptenland, aus der Knechtschaft, geführt hat. Du sollst keine anderen Götter haben neben mir. Du sollst dir kein Bildnis noch irgendein Gleichnis machen“ (Ex 20,1–4).

Mose, nachdem er das Kultbild zerstört hat, wird sich erneut an Gott wenden und für sein Volk um Vergebung der Sünden bitten.

Götzen dienen

Jeder hat sein eigenes Bild von Gott! – So haben wir es oft genug gehört oder gelesen. So haben sich das Menschen oft gegenseitig in Gesprächsrunden mitgeteilt. Da gibt es

den liebenden Gott

den strafenden Gott

den wie eine Mutter barmherzigen Gott

den wie ein Vater strengen Gott

(oder auch umgekehrt)

Gott wie eine duftende Blüte

oder wie ein tiefes Wasser.

Du sollst dir kein Bild machen! Gott ist vielleicht ja ganz anders, als du meinst. Er will frei sein und sich nicht festlegen lassen auf menschliche Vorstellungen und Erwartungen.

Aber auf Gott ist Verlass. Was wir von ihm sagen können, ist nicht beliebig. Es ist in Erfahrung zu bringen.

Gewiss hat jeder seinen persönlichen Glauben, seine persönliche Beziehung zu Gott. Aber der Glaube ist nichts Subjektives. Wir können uns den Glauben nicht selbst zurechtbasteln. Gott bewirkt durch sein Wort und seinen Geist, dass Menschen glauben. Der Glaube wird uns immer wieder neu gegeben und er ist uns gemeinsam: unser Glaube.

Und statt eines Bildes ist es das Wort, das beständige und wiederholbare Wort von dem EINEN UND EINZIGEN GOTT, wie er sich Mose mit Worten vorgestellt hat: Ich bin da!

Und der HERR sandte Nathan zu David. Als der zu ihm kam, sprach er zu ihm: Es waren zwei Männer in einer Stadt, der eine reich, der andere arm. Der Reiche hatte sehr viele Schafe und Rinder; aber der Arme hatte nichts als ein einziges kleines Schäflein, das er gekauft hatte. Und er nährte es, dass es groß wurde bei ihm zugleich mit seinen Kindern. Es aß von seinem Bissen und trank aus seinem Becher und schlief in seinem Schoß und er hielt's wie eine Tochter.

Als aber zu dem reichen Mann ein Gast kam, brachte er's nicht über sich, von seinen Schafen und Rindern zu nehmen, um dem Gast etwas zuzurichten, der zu ihm gekommen war, sondern er nahm das Schaf des armen Mannes und richtete es dem Mann zu, der zu ihm gekommen war.

Da geriet David in großen Zorn über den Mann und sprach zu Nathan: So wahr der HERR lebt: Der Mann ist ein Kind des Todes, der das getan hat! Dazu soll er das Schaf vierfach bezahlen, weil er das getan und sein eigenes geschont hat. Da sprach Nathan zu David: Du bist der Mann! ... Da sprach David zu Nathan Ich habe gesündigt gegen den HERRN.

Erinnern wir uns an die Vorgeschichte: David hat sich Batseba zur Geliebten und dann zur Frau genommen und ihren Mann im Krieg töten lassen. David hat dies mit großer Selbstverständlichkeit getan. Er zeigt keine Reue und kommt nicht zur Einsicht, dass er gesündigt hat.

Nathan will es ihm durch die kleine Beispielgeschichte auf didaktische Weise beibringen. David empfindet gerechten Zorn. Darauf, die Geschichte auf sich selbst zu beziehen, kommt er nicht. Erst Nathans klares Wort bringt ihn zur Einsicht, dass er gegen Gott gesündigt hat.

Davids Tun ist nicht „nur" ein moralischer Fauxpas oder ein Vergehen, das rechtlich geahndet und bestraft werden muss. Es geht um das Missfallen Gottes an dem Mann, den er zum König eingesetzt hat. Es geht um Sünde. In den nachfolgenden Versen erfahren wir von der Reue Davids, der Vergebung durch Gott und der Strafe.

Über Leichen gehen

Liest man die Geschichte von David und Batseba und Uria ganz, dann zieht sie einen in Bann und erzeugt zugleich Frust.

Rastlos stürmt David davon, ohne innezuhalten und nachzudenken oder auf sein Gewissen zu hören. Er geht über Leichen und merkt es nicht. So wie auch Kain – stur und gewissenlos.

Dazu sind Menschen in der Lage – mag man sich wundern. Dabei sehen wir, dass das alltäglich auf Gottes Erde geschieht. Menschen sehen nicht so leicht ihr Vergehen, ihre Schuld ein – erst recht nicht ihre Sünde.

Sie müssen es sich gesagt sein lassen wie David, sich immer wieder sagen lassen. So wie David es sich sagen lassen musste, dass er der Mann ist, der über Leichen gegangen ist.

Nur dann ist es möglich, mit der Sünde umzugehen. Die Leichen würdig zu bestatten. Zu bereuen und Strafe zu empfangen. Und Vergebung. Nur dann ist Weiterleben möglich.

Die gut leben wollen – Psalm 34,12–19

Kommt her, ihr Kinder, höret mir zu! Ich will euch die Furcht des HERRN lehren. Wer möchte gern gut leben und schöne Tage sehen? Behüte deine Zunge vor Bösem und deine Lippen, dass sie nicht Trug reden. Lass ab vom Bösen und tu Gutes; suche Frieden und jage ihm nach! Die Augen des HERRN merken auf die Gerechten und seine Ohren auf ihr Schreien.

Das Angesicht des HERRN steht wider alle, die Böses tun, dass er ihren Namen ausrotte von der Erde. Wenn die Gerechten schreien, so hört der HERR und errettet sie aus all ihrer Not. Der HERR ist nahe denen, die zerbrochnen Herzens sind, und hilft denen, die ein zerschlagenes Gemüt haben ...

Aus dem Lieder- und Gebetbuch des Alten Testamentes, der hebräischen Bibel, das große Bedeutung auch für Christen und Christinnen hat, stammt dieser Lobpsalm. Gott loben und preisen, das ist Ausdruck des Glaubens. Gottes Namen anrufen und darauf vertrauen, dass er redet, dass er seinen Heiligen, seinen Gerechten, nahe ist und sie in ihrer Not nicht verlässt, vielmehr seine Ohren ihr Schreien hören.

Die Gerechten, die Heiligen – das sind die, die teilhaben an der Gerechtigkeit und Heiligkeit Gottes. Dass sie zu ihm gehören, von ihm erwählt sind, das zeichnet sie aus.

Der Text enthält eine weisheitlich geprägte Ermahnung. Von der Zunge und dem, was sie anrichten kann, ist in vielen biblisch-weisheitlichen Texten die Rede. Hier zeigt sich eine menschliche Erfahrung, die auch im achten Gebot aufgenommen ist: „Du sollst nicht falsch Zeugnis reden wider deinen Nächsten“ (Ex 20,16).

Die Ermahnung ist im Zusammenhang mit der Gottesfurcht zu hören, die nicht mit der menschlichen Angst verwechselt werden darf. Gott fürchten meint Gott ehren und lieben und seine Gebote achten. Sünde aber ist es, wenn wir Gott dies vorenthalten und seine Gebote missachten.

Böses schwätzen

Gewiss haben viele Beter über Jahrhunderte hinweg persönliche Erfahrungen mit diesem Psalm gemacht. Sie haben das böse Geschwätz ihrer Mitmenschen erlitten oder haben sich selbst daran beteiligt. Sie haben vielleicht erfahren, wie andere moralisch über sie geurteilt haben oder haben selbst über andere geurteilt. Wenn nicht, kann dieser Psalm sehr gut dafür sensibilisieren, den Umgang miteinander achtsam wahrzunehmen und einzuüben.

Der Blick bleibt aber nicht haften bei dem Tun des Bösen und Menschen werden nicht darauf festgelegt. Der Psalm will verlocken zum Tun des Guten. Es geht nicht einfach nur darum, die Zunge im Zaum zu halten, sich willentlich zu kontrollieren und sich im Urteil über andere zurückzuhalten, sondern darum, dem Nächsten gut zu sein. Nicht nur darum, die Sünde zu lassen, sondern darum, Gutes zu tun und Frieden zu praktizieren. Dann werden wir gut leben und schöne Tage sehen. Das können sich Menschen aus eigener Erfahrung heraus durchaus selbst sagen.

Wie aber ist Gott unersetzbar verwickelt? Was ist in diesem Psalm von Gott zu erfahren? Es ist der eine Gott, der einen Namen hat, mit dem Menschen ihn anrufen können und so ein persönliches Gegenüber haben – der menschenfreundliche Herr, dem man trauen kann. Und es ist der gestrenge Herr, der über das böse Tun der Menschen richtet und über ihr Tun wacht

Das klare und empörte Nein Gottes zur Sünde hat nicht nur den Täter und seine Tat im Blick, sondern gerade auch das Opfer. Hier nun wäre von der Vergebung zu sprechen, die nur Gott möglich ist. Die klare Ermahnung bleibt im Psalm eingebettet in die vertrauensvolle und tröstliche Rede von Gott und seinem Wirken, das Zukunft möglich machen will.

Herodes – Matthäus 2,16–23

Als Herodes nun sah, dass er von den Weisen betrogen war, wurde er sehr zornig und schickte aus und ließ alle Kinder in Bethlehem töten und in der ganzen Gegend, die zweijährig und darunter waren, nach der Zeit, die er von den Weisen genau erkundet hatte. Da wurde erfüllt, was gesagt ist durch den Propheten Jeremia, der da spricht: „In Rama hat man ein Geschrei gehört, viel Weinen und Wehklagen; Rahel beweinte ihre Kinder und wollte sich nicht trösten lassen, denn es war aus mit ihnen."

Als aber Herodes gestorben war, siehe, da erschien der Engel des HERRN dem Josef im Traum in Ägypten und sprach: Steh auf, nimm das Kindlein und seine Mutter mit dir und zieh hin in das Land Israel; sie sind gestorben, die dem Kindlein nach dem Leben getrachtet haben ...

In den ersten beiden Kapiteln des Matthäusevangeliums ist Josef einbezogen in das Heilsgeschehen. Er weiß um die Bedeutung seines Kindes („Er wird sein Volk retten von ihren Sünden." Mt 1,21), die ihm vom Engel angesagt worden ist. Die Erfüllungszitate wollen die heilsgeschichtliche Bedeutung des neugeborenen Kindes hervorheben.

Sehr bald ist das neugeborene Kind bedroht. Herodes trachtet ihm nach dem Leben, nachdem die Weisen aus dem Morgenland ihn nach dem neugeborenen König der Juden gefragt hatten. Der gefährliche Zorn des Herodes deutet die Größe der Gefahr an, der das Kind entkommen ist. Der Vater handelt in Sorge um sein Kind und zugleich folgt er den göttlichen Weisungen durch den Engel.

Jesus bleibt bewahrt – unschuldige Kinder werden getötet. Die Totenklage und Empörung kann Sprache finden in der Totenklage der Stammmutter Rahel, die um ihre Kinder weint.

Kinder töten

Bis heute erschüttert uns die Tatsache, dass unschuldige Kinder getötet werden, bis ins Mark:

Kinder, die im Krieg umgebracht werden

Kinder, die als Kindersoldaten töten müssen

Kinder, die man verhungern lässt

Kinder, die von Müttern oder Eltern getötet werden

Werdende Kinder, die im Mutterleib getötet werden

Es erschüttert uns, dass Erwachsene das mit Kindern tun, die sich nicht wehren können, die ihr Leben noch vor sich haben. Es erschüttert uns, dass Eltern das mit ihren eigenen Kindern tun, die sie lieben oder lieben sollten. Schlimm wäre es, wenn wir solche Gefühle des Entsetzens nicht mehr hätten. Mord ist Mord, an Kindern wie an Erwachsenen. Mord an Kindern aber geht wohl mehr als alles unter die Haut.

Wenn wir hier zu Recht von den unschuldigen Kindern sprechen, stellen wir eine Beziehung her zu den Kindern vom Kindermord in Bethlehem. Es wäre unerträglich, wenn wir diesem Geschehen noch einen Sinn geben wollten. Sei es den, dass Gott seinen eigenen Sohn rettet auf Kosten unschuldiger Kinder, sei es den, dass ihr Sterben ein Sterben für Christus ist und darin Vorbild sein konnte für die Märtyrer.

Das Töten von Kindern bleibt ein schrecklicher Mord. Kein Zweifel darf aufkommen, obwohl wir vieles daran setzen können, die Täter verstehen oder manches zu erklären. Uns bleibt die Totenklage, die immer wieder neue Ermahnung und die Hoffnung für diese Kinder – über den Tod hinaus.

Da ging einer von den Zwölfen, mit Namen Judas Iskariot, hin zu den Hohepriestern und sprach: Was wollt ihr mir geben? Ich will ihn euch verraten. Und sie boten ihm dreißig Silberlinge. Und von da an suchte er eine Gelegenheit, dass er ihn verriete.

Und als er noch redete, siehe, da kam Judas, einer von den Zwölfen, und mit ihm eine große Schar mit Schwertern und mit Stangen, von den Hohepriestern und Ältesten des Volkes. Und der Verräter hatte ihnen ein Zeichen genannt und gesagt: Welchen ich küssen werde, der ist's; den ergreift. Und alsbald trat er zu Jesus und sprach: Sei gegrüßt, Rabbi! Und küsste ihn.

Als Judas, der ihn verraten hatte, sah, dass er zum Tode verurteilt war, reute es ihn und er brachte die dreißig Silberlinge den Hohepriestern und Ältesten zurück und sprach: Ich habe Unrecht getan, dass ich unschuldiges Blut verraten habe. Sie aber sprachen, was geht uns das an? Da sieh du zu! Und er warf die Silberlinge in den Tempel, ging fort und erhängte sich.

In allen vier Evangelien und auch in der von Lukas verfassten Apostelgeschichte spielt Judas als einer der Zwölf in irgendeiner Weise bei der Verhaftung Jesu eine Rolle. Unklar sind sein Motiv wies eine Tat.

Jesus war eine bekannte Persönlichkeit. Judas verriet kein Geheimnis. Die Gestalt dieses Jüngers, der zum Verräter wird, ist mehrdeutig. Das zeigt auch ein Blick in die Auslegungsgeschichte: von der Verkörperung des Bösen schlechthin bis zum Werkzeug Gottes im Heilsgeschehen.

Gewiss ist das Erschreckende das, dass der Verräter mit Jesus und den anderen Jüngern vertrauensvoll zusammengelebt hat. Er liefert seinen Herrn an die Feinde aus mit einem Kuss, der auf die freundschaftliche Beziehung zu Jesus hinweist.

Judas' Leben endet in der Verzweiflung. Seine Reue kann nichts wiedergutmachen. Judas – ein Grenzfall! Er fällt am Schluss auf tragische Weise aus der Geschichte Gottes heraus.

Zum Verräter werden

„Mag dieses oder jenes richtig sein – an Deutungen mangelt es nicht (Neid, Frömmigkeit, Ehrgeiz, enttäuschte Liebe, Fanatismus, Selbstverleugnung, Demut, Gewinngier: Dieser Judas, so scheint es, hat tausend Gesichter)." So sagt es Walter Jens in seinem Buch „Der Fall Judas".

In Judas könnten wir einen Verräter sehen, einen „Bösen", einen Gegenspieler Jesu, der mitagiert in der Passionsgeschichte – einer aus den eigenen Reihen neben den „Bösen" Pilatus und Herodes und nicht zuletzt den Obersten der Priester.

Einer, der seinen Part spielen muss im Passionsdrama wie die Personen in manchen anderen Dramen oder Fernsehgeschichten. Einer der „Bösen", in den Menschen viel Eigenes eintragen können. Aber ebenso einer, den man gern entlasten will. Dazu gehört die Suche nach einem Motiv, der Versuch, das böse Tun verstehen zu wollen. Es kann unheimlich, bedrohlich werden, keine Erklärung zu haben. So konstruieren wir manchmal dies und das zusammen, woraus sich ein Motiv ergeben könnte, das den Täter entlastet – vielleicht ja uns selbst. Entlastung suchen und ein Stück weit finden, das tut gut. Um Entlastung, um Befreiung beten können, das tut gut.

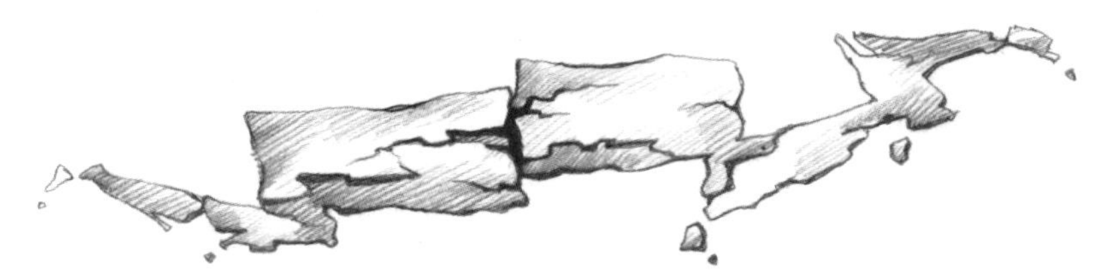

Judas bereut den Verrat, als er erfährt, dass Jesus zum Tode verurteilt worden ist. Doch seine Reue findet bei niemandem Gehör. Judas endet schrecklich – schrecklich bedauernswert. Und wir haben keine Erklärung für sein Tun gefunden. Gewiss dürfen wir für ihn hoffen. Kein Wunder, dass Judas eine fragwürdige Gestalt im Passionsgeschehen bleibt. Eine schillernde Gestalt, an der wir Böses versuchen zu entdecken – mal dies und mal das.

Zöllner und Sünder – Matthäus 9,9–13

Und als Jesus von dort wegging, sah er einen Menschen am Zoll sitzen, der hieß Matthäus; und er sprach zu ihm: Folge mir! Und er stand auf und folgte ihm. Und es begab sich, als er zu Tisch saß im Hause, siehe, da kamen viele Zöllner und Sünder und saßen zu Tisch mit Jesus und seinen Jüngern.

Als das die Pharisäer sahen, sprachen sie zu seinen Jüngern: Warum isst euer Meister mit den Zöllnern und Sündern? Als das Jesus hörte, sprach er: Die Starken bedürfen des Arztes nicht, sondern die Kranken. Geht aber hin und lernt, was das heißt: „Ich habe Wohlgefallen an Barmherzigkeit und nicht am Opfer." Ich bin gekommen, die Sünder zu rufen und nicht die Gerechten.

Der Sünderheiland muss eine echte Provokation für die Frommen, die Gerechten in Israel gewesen sein. Wie mögen da die Vorwürfe von der einen Seite und der anderen Seite hin- und hergegangen sein. Die gesellschaftlich so verschiedenen Gruppen pflegten keinen Umgang miteinander. Jesus selbst scheint zu dieser Polarisierung beigetragen zu haben, wenn er immer wieder die frommen und selbst-gerechten Juden angreift ob ihrer falschen Frömmigkeit. Manchmal polemisch – oder er bedient sich einfach vorhandener Sprachmuster. Aber Jesus verkennt nicht, dass es die Gerechten in einem guten Sinn in Israel gibt, die die Zuwendung Jesu wirklich nicht brauchen. Die Gerechten sind nicht von vornherein Scheinheilige.

Jesus schlägt sich nicht einfach auf die Seite der Zöllner und Sünder – etwa um sie als Randgruppen der Gesellschaft aufzuwerten. Er will sie durch seine Nähe und seine Worte zu Gott und in die Nachfolge rufen; heil machen, wie ein Arzt versucht, Menschen zu heilen. Es handelt sich bei Jesus nicht um ein moralisches Urteil über ihre Lebensweise. Es handelt sich auch nicht einfach um Liebe zu den Sündern. Es ist das Erbarmen mit diesen Menschen, das ihn sich ihnen zuwenden lässt. Barmherzig handeln – so wie der Samariter – ist Gott wohlgefälliger als das kultische Opfer.

Käuflich sein

Moralische Klassifizierungen gibt es wahrscheinlich in jeder Gesellschaft, Kultur, Religion und zu jeder Zeit. Die Guten und die Bösen lassen sich dann in solchen Gruppen ausmachen – meinen wir, auch weil wir dann die Welt ein bisschen ordnen und uns so besser orientieren können.

In solchen Gruppen wird dann der Einzelne oder die Einzelne – seien es jugendliche Straftäter – ganz schnell anonymisiert. Ihr Leben und ihre Geschichte, die oft eine Leidgeschichte war, kommt nicht mehr vor. Wenn wir dann aber eine davon hören oder lesen, beschleicht uns ein Gefühl der Barmherzigkeit mit diesem einen Menschen – auch dann, wenn sein Vergehen groß war.

Strafe muss sein, sagen wir so leicht dahin. Erinnern wir die Geschichte von Kain und Abel oder von David und Batseba. Strafe muss sein – hat sich Gott gedacht. Auch um den Täter ernst zu nehmen und bei seiner Tat des Bösen zu behaften. Doch dieser Gott, der auch der Gott Jesu ist, übt Barmherzigkeit: Er lässt Kain und David in seiner Geschichte weiter leben.

Wenn wir von der Sünde sprechen, dann kommt Gott mit ins Spiel. Gott tritt mit seiner Vergebung zwischen Opfer und Täter. Er will die Abhängigkeit des Opfers vom Täter und des Täters vom Opfer durchbrechen, die beide nicht voneinander loskommen lässt.

Die Täter gehören dann nicht in die eine Gruppe und die Opfer in die andere Gruppe und verlieren ihr Gesicht. Vor Gottes Angesicht werden sie zum unverwechselbar und einzigartigen Gesicht und bleibt ihre Lebensgeschichte in Gottes barmherzigem Erinnern aufbewahrt.

Die Sünderin – Johannes 8,1–11

Jesus aber ging zum Ölberg. Und frühmorgens kam er wieder in den Tempel, und alles Volk kam zu ihm, und er setzte sich und lehrte sie. Aber die Schriftgelehrten und Pharisäer brachten eine Frau zu ihm, beim Ehebruch ergriffen, und stellten sie in die Mitte und sprachen zu ihm: Meister, diese Frau ist auf frischer Tat beim Ehebruch ergriffen worden. Mose aber hat uns im Gesetz geboten, solche Frauen zu steinigen. Was sagst du? Das sagten sie aber, ihn zu versuchen, damit sie ihn verklagen könnten.

Aber Jesus bückte sich und schrieb mit dem Finger auf die Erde. Als sie nun fortfuhren, ihn zu fragen, richtete er sich auf und sprach zu ihnen: Wer unter euch ohne Sünde ist, der werfe den ersten Stein auf sie. Und er bückte sich wieder und schrieb auf die Erde. Als sie aber das hörten, gingen sie weg, einer nach dem anderen, die Ältesten zuerst; und Jesus blieb allein mit der Frau, die in der Mitte stand.

Jesus aber richtete sich auf und fragte sie: Wo sind sie, Frau? Hat dich niemand verdammt? Sie antwortete: Niemand, Herr. Und Jesus sprach: So verdamme ich dich auch nicht; geh hin und sündige hinfort nicht mehr.

Der Tatbestand als solcher ist eindeutig: Die Sünde des Ehebruchs ist erwiesen und öffentlich, ebenso ist die Gesetzesvorschrift eindeutig.

Die Schriftgelehrten und Pharisäer, die Frommen, sprechen Jesus als Lehrer und Ausleger der Schrift und des Willens Gottes an. Doch Jesus agiert ihnen gegenüber dann eher als Seelsorger und Prediger. Er lässt sich auf keine Diskussion ein, spricht aber die Frommen selbst als Sünder an. Diese akzeptieren das indirekte Urteil Jesu über sie und lassen die Frau in Ruhe.

Jesus bindet sich in seinem eigenen Urteil an das Urteil der anderen. Was dann folgt, ist keine moralische Verurteilung, sondern ein Zurechtbringen der Frau, verbunden mit der Ermahnung, die Sünde zu lassen.

Ehe brechen

Von Liebe und Sexualität zwischen Mann und Frau im guten schöpfungsgemäßen Sinn geht die Bibel recht selbstverständlich aus. Obwohl Geschichten wie diese oder die Geschichte vom Sündenfall die Sexualität in einen engen Zusammenhang mit der Sünde bringen können. Aber wohlgemerkt: Hier ist es der Ehebruch, der Sünde genannt wird – und erinnert an das sechste Gebot.

In der Sündenfallgeschichte ist nicht die sexuelle Verführung durch Eva oder überhaupt sinnliches Begehren Thema und Sünde – obwohl nicht zuletzt Auslegungen durch Schrift und Bild das bei Menschen verbreitet und vertieft haben.

So hat sich das Reden von der Erbsünde verbunden mit der Sexualität. Allerdings ging es mit dem Begriff der Erbsünde nur darum, den allgemeinen Charakter der Sünde zu fassen: Alle Menschen sind Sünder. Dieser Begriff hat sich für manche und manchen verhängnisvoll ausgewirkt, obwohl er in der Bibel nicht die große Bedeutung hat, die ihm dann später gegeben worden ist.

Nicht die Ehe brechen – die Ehe schützen

Gesetze zum Schutz der Lebensform Ehe gibt es bis heute, auch wenn diese in der öffentlichen Diskussion immer mal wieder zur Disposition gestellt werden: Ist die Ehe überhaupt noch eine zeitgemäße Form des Zusammenlebens? Soll die Ehe geschützt werden oder nur die Familie?

Es geht auch Jesus an anderer Stelle um den Schutz dieser Lebensform. Aber hier geht es um die eine Frau, die ihm als Angeklagte vorgeführt wird und die er in seinen Schutz nimmt.

Der Blindgeborene – Johannes 9,1–7

Und Jesus ging vorüber und sah einen Menschen, der blind geboren war. Und seine Jünger fragten ihn und sprachen: Meister, wer hat gesündigt, dieser oder seine Eltern, dass er blind geboren ist? Jesus antwortete: Es hat weder dieser gesündigt noch seine Eltern, sondern es sollen die Werke Gottes offenbar werden an ihm. Wir müssen die Werke dessen wirken, der mich gesandt hat, solange es Tag ist; es kommt die Nacht, da niemand wirken kann. Solange ich in der Welt bin, bin ich das Licht der Welt.

Als er das gesagt hatte, spuckte er auf die Erde, machte daraus einen Brei und strich den Brei auf die Augen des Blinden. Und er sprach zu ihm: Geh zum Teich Siloah – das heißt übersetzt: *gesandt* – und wasche dich! Da ging er hin und wusch sich und kam sehend wieder.

Die Geschichte beginnt damit, dass Jesus im Vorübergehen diesen einen Menschen erblickt, der blind geboren ist und Jesus nicht sehen kann. Sehen bedeutet hier ein Aufmerken auf den Anderen, ein Erkennen dessen, was ihm fehlt. Die Jünger verwickeln ihn in ein Gespräch mit der klassischen Frage: Wer hat Schuld, dass dieser blind geboren ist? Wer hat gesündigt? Jesus weist die Frage schon ab, bevor er dann den Blinden heilt. Aber die Schuld-Fragen werden im dann folgenden Text weiter heftigst diskutiert.

Jesus ermöglicht diesem Blindgeborenen einen Neuanfang. Er durchtrennt die Kette von Schuldzuweisungen, den Teufelskreis der Suche nach den Ursachen und den Erklärungen für das, was faktisch ist.

Jesus lässt sich auf keine Diskussion ein. Es drängt, weil es gilt, dass das Wunder an dem Blindgeborenen geschieht und so das Werk Gottes, das Werk seiner neuen Schöpfung an ihm offenbar wird.

Nach Schuldigen suchen

Wir suchen gern nach Erklärungen und fragen, wer denn Schuld hat. Dabei fragen wir auch: Welchen Sinn hat das? Welchen Sinn hat diese Krankheit, blind geboren zu werden? Ist es eine Strafe für eine begangene Sünde? Welchen Sinn hat eine Katastrophe, ein anderes Unglück?

Eine gefährliche Frage, wenn wir Gott bei der Antwort nach unserem Gutdünken mit einbeziehen. Die Experten in dieser Geschichte wollen die Heilung des Blindgeborenen und sein Zeugnis über Jesus nicht akzeptieren. Sie legen ihn weiterhin fest auf seine alte Geschichte („ganz in Sünden geboren"). Das Neue kann, darf in ihren Augen nicht sein.

Wie kann das sein? Menschen, die allein auf die Vernunft setzen, mögen manchmal so fragen und denken und bringen auf problematische Weise Gott mit ins Spiel ihrer Erklärungen. Doch in dieser Geschichte ist Heilung angesagt. Nicht etwa das Aufdecken eines geheimnisvollen göttlichen Sinns. Nein, dieser Blindgeborene gehört zur Schöpfung Gottes.

Was es heißt, ein Geschöpf zu sein, das richtet sich nicht nach dem, was wir als Maßstab für ein normales und gesundes Leben festlegen. Und dann nur das als sinnhaft gelten lassen, was wir aus dem Zusammenhang von Ursache und Wirkung zu verstehen meinen.

Auch wenn wir nicht nach Sinn fragen sollen, werden wir fragen und dabei Gott manchmal widersprechen, zu ihm klagen und protestieren. Wir müssen nicht einfach hinnehmen, was wir vorfinden. Niemand hat gesündigt! Jesus macht den Blindgeborenen sehend.

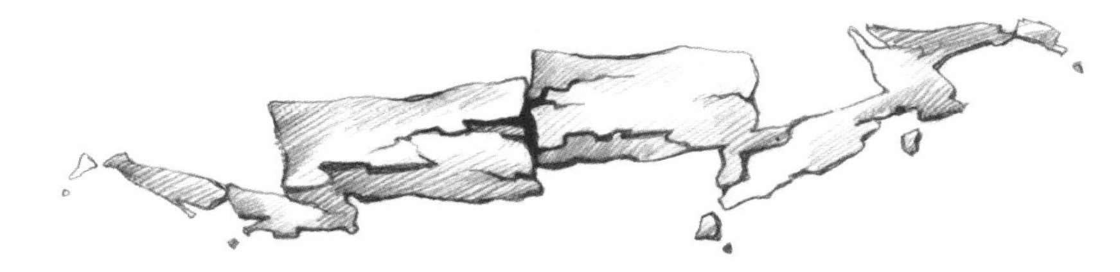

Der verlorene Sohn – Lukas 15,11-20

Und er sprach: Ein Mensch hatte zwei Söhne. Und der jüngere von ihnen sprach zu dem Vater: Gib mir, Vater, das Erbteil, das mir zusteht. Und er teilte Hab und Gut unter sie. Und nicht lange danach sammelte der jüngere Sohn alles zusammen und zog in ein fernes Land; und dort brachte er sein Erbteil durch mit Prassen.

Als er nun all das Seine verbraucht hatte, kam eine große Hungersnot über jenes Land, und er fing an zu darben und ging hin und hängte sich an einen Bürger jenes Landes; der schickte ihn auf seinen Acker, die Säue zu hüten. Und er begehrte, seinen Bauch zu füllen mit den Schoten, die die Säue fraßen; und niemand gab sie ihm.

Da ging er in sich und sprach: Wie viele Tagelöhner hat mein Vater, die Brot in Fülle haben, und ich verderbe hier im Hunger! Ich will mich aufmachen und zu meinem Vater gehen und zu ihm sagen: Vater, ich habe gesündigt gegen den Himmel und vor dir. Ich bin hinfort nicht mehr wert, dass ich dein Sohn heiße; mache mich zu einem deiner Tagelöhner.

Und er machte sich auf und kam zu seinem Vater. Als er aber noch weit entfernt war, sah ihn sein Vater, und es jammerte ihn; er lief und fiel ihm um den Hals und küsste ihn.

Sie werden wissen, wie es weitergeht: Der Sohn macht sein Schuldbeständnis; der Vater scheint kaum zuzuhören. Er setzt den Sohn in Ehren wieder ein und gibt ein großes Fest.

Diese Gleichniserzählung Jesu gehört zu den beliebten Texten des Neuen Testaments und hat viele Spuren hinterlassen: im kulturellen und religiösen Bereich, in der Kunst und in der Literatur, im Frömmigkeitsbereich und in der Liturgie.

Hervorzuheben ist das Heimkehr- und Vaterhausmotiv: der liebende und barmherzige Vater, der seinem heimkehrenden Sohn entgegeneilt und ihm ein Fest bereitet – unverdient. Der jüngere Sohn, der in sich gegangen ist und von der Sünde spricht und zurückkehrt zum Vater, zu Gott.

Prassen

Die beiden Söhne sind ausgestattet mit den guten Gaben des Vaters, mit dem Erbe des Vaters. Man könnte von der Lebensgrundlage sprechen, die beide von zu Hause mitbekommen haben. Der jüngere Sohn macht sich damit auf den Weg. Gute Aussichten, um etwas Neues anzufangen.

Kurz und bündig werden wir darüber informiert, dass der jüngere Sohn sein Erbe verprasst hat, um dann aber ausführlich und einfühlsam auf das Verarmen, das Elend und die Einsamkeit des Sohnes aufmerksam gemacht zu werden. Später wird sein Bruder deutlichere Worte über das vergammelte Leben seines Bruders finden.

Was treibt den Sohn zurück zum Vater? Es ist sein eigener jämmerlicher Zustand, der ihn zurücktreibt. Und die Erinnerung an die guten Gaben, den Reichtum, den Überfluss des Vaters, von dem sogar die profitieren, die nicht seine Kinder sind. In einem einsamen Selbstgespräch – er ist am Ende – entscheidet er sich zurückzukehren, um wenigstens als Tagelöhner etwas von den guten Gaben des Vaters zu bekommen. Er meint, dass er die Sohnschaft verspielt hat, keinen Anspruch mehr darauf hat.

Überraschend ist dies: Der Sohn zeigt keine große Einsicht, keine Reue. Aber er nimmt sich vor, dem Vater zu sagen, dass er gesündigt hat. Dazu findet er kaum Gelegenheit, denn der liebende und barmherzige Vater überschüttet ihn mit seiner Zuwendung. Übergroße Freude!

Doch dann wird der ältere Sohn, der zu Hause geblieben ist, auftauchen und Gerechtigkeit vom Vater einfordern – und die Geschichte davor bewahren, dass sie zu einer Idylle wird.

Der reiche Mann – Markus 10,17–22

Und als er sich auf den Weg machte, lief einer herbei, kniete vor ihm nieder und fragte ihn: Guter Meister, was soll ich tun, damit ich das ewige Leben ererbe? Aber Jesus sprach zu ihm: Was nennst du mich gut? Niemand ist gut als Gott allein. Du kennst die Gebote: „Du sollst nicht töten; du sollst nicht ehebrechen; du sollst nicht stehlen; du sollst nicht falsch Zeugnis reden; du sollst niemanden berauben; ehre Vater und Mutter."

Er aber sprach zu ihm: Meister, das habe ich alles gehalten von meiner Jugend auf. Und Jesus sah ihn an und gewann ihn lieb und sprach zu ihm: Eines fehlt dir. Geh hin, verkaufe alles, was du hast, und gib's den Armen, so wirst du einen Schatz im Himmel haben, und komm und folge mir nach! Er aber wurde unmutig über das Wort und ging traurig davon; denn er hatte viele Güter.

Diese Begegnungsgeschichte kann man eine Berufungsgeschichte nennen. Allerdings wird der Ruf in die Nachfolge ausgeschlagen.

Es geht um nichts Geringeres als ewiges Leben. Wie kann ich mir das sichern?, fragt der junge Mann. Jesus verweist den Fragenden an die Gebote. Sie zu tun heißt Gutes zu tun. In diesem Sinn ist der Fragende ein Gerechter, denn er hat die Gebote gehalten.

Fast liebevoll wird der Dialog weitergeführt und der Fragende in die Nachfolge Jesu eingeladen. Jesus erkennt, woran das Herz des Mannes hängt, von dem es dann erst am Schluss heißt, dass er reich war.

Jesus verdammt nicht den Besitz. Jesus will nicht den Geboten etwas entgegensetzen oder draufsetzen. Er will dem reichen Mann gut, er will ihm einen Schatz im Himmel verschaffen – das, was dem Leben Bestand gibt, ewiges Leben – das stand doch in Frage. Der reiche Mann kommt nicht mit. Es scheint, dass er sich zu viel vorgenommen hat.

Nicht loslassen können

Woran du dein Herz hängst, das ist dein Gott.

So haben wir es vielleicht von Martin Luthers Auslegung des ersten Gebotes im Katechismus im Ohr oder können es neu entdecken.

Gar nichts deutet zunächst darauf hin, woran das Herz dieses frommen und gerechten Juden hängt – oder sprechen wir vielleicht vom rechtschaffenen Bürger, der ein ordentliches Leben führt und anderen Gutes tut.

Jesus glaubt dem Mann, dass er die Gebote gehalten hat. Glauben wir es ihm auch und suchen nicht nach verborgenen Fehlern und Schwächen oder gar Schandtaten.

Jesus moralisiert nicht gegen ihn. Dass der Mann reich ist, erfahren wir erst später. Jesus gewinnt ihn lieb. Ihn, der eilig zu Jesus hin läuft und vielleicht eine Frage, eine Sehnsucht hat, die er selbst noch gar nicht kennt. Es muss mit dem Liebgewinnen zu tun haben, dass Jesus um ihn Bescheid weiß, in sein Herz sieht. Eher weiß Jesus es als der Mann selbst, woran sein Herz hängt.

Der reiche Mann ärgert sich über das liebende und erkennende Wort Jesu und ist zugleich traurig. Jesus konnte ihn nicht in die Nachfolge hinein-lieben und von seinen Gütern weglocken.

Bedenken wir: Die Armen gingen leer aus.

Und das: Was wurde aus dem Schatz im Himmel?

So tue nun nicht ich es, sondern die Sünde, die in mir wohnt. Denn ich weiß, dass in mir, das heißt in meinem Fleisch, nichts Gutes wohnt. Wollen habe ich wohl, aber das Gute vollbringen kann ich nicht. Denn das Gute, das ich will, das tue ich nicht; sondern das Böse, das ich nicht will, das tue ich. Wenn ich aber tue, was ich nicht will, so tue nicht ich es, sondern die Sünde, die in mir wohnt. So finde ich nun das Gesetz, dass mir, der ich das Gute tun will, das Böse anhängt. Denn ich habe Lust an Gottes Gesetz nach dem inwendigen Menschen. Ich sehe aber ein anderes Gesetz in meinen Gliedern, das widerstreitet dem Gesetz in meinem Gemüt und hält mich gefangen im Gesetz der Sünde, das in meinen Gliedern ist. Ich elender Mensch! Wer wird mich erlösen von diesem todverfallenen Leibe? Dank sei Gott durch Jesus Christus, unsern HERRN.

Paulus spricht vom Menschen, der im Konflikt steht zwischen Wollen und Tun. Er stellt diesen Konflikt nicht einfach als Tatsache dar, vielmehr beklagt er diesen aus eigener leidvoller Erfahrung heraus.

Jedenfalls macht sich Paulus nichts vor im Hinblick auf die Freiheit des Menschen, Gutes zu tun oder Böses zu lassen. Da ist der Mensch oft eben nicht Herr seiner selbst und es agiert einfach aus ihm heraus. Der gute Wille allein führt nicht zwangsläufig zum Tun des Guten, weil die Sünde aktiv ist. Daraus ist aber nicht zu folgern, dass aus dem Menschen nur Böses kommt, so dass er Gutes überhaupt nicht tun kann.

Die Einsicht in den Widerspruch von Wollen und Tun warnt den Menschen vor Selbstüberschätzung. Doch der Blick ist erwartungsvoll ausgerichtet auf die Erlösung, die Befreiung aus diesem Widerspruch – Erlösung, die der Mensch nicht selbst bewirken kann. Paulus weist hin auf Christus, den Erlöser.

Schwach sein

Stark und selbstbewusst sein,
entscheiden und handeln können.

Man selbst sein,
authentisch sein,
mit sich selbst im Einklang sein
und Ausstrahlung auf andere haben.

Das wird gefordert,
wenn man Erfolg und Ansehen haben will.

Dagegen wirkt Paulus wie ein Schwächling.
Dagegen fühlen sich auch manch andere Menschen
schwach,
innerlich zerrissen,
unsicher und elend.

Wie soll ich sein?
Was muss ich sein?
Was wird von mir erwartet?
Oder ganz einfach: was bin ich?

Paulus macht sich über sich selbst keine Illusionen.
Er ist aber auch nicht resigniert über sich selbst.
So wie er ist,
überlässt er sich
Gott – durch Christus.

Schwach sein ist kein Makel.
Stark sein kein Verdienst.

Und wenn ihr betet, sollt ihr nicht viel plappern wie die Heiden; denn sie meinen, sie werden erhört, wenn sie viele Worte machen. Darum sollt ihr ihnen nicht gleichen. Denn euer Vater weiß, was ihr bedürft, bevor ihr ihn bittet. Darum sollt ihr so beten:

Unser Vater im Himmel! Dein Name werde geheiligt. Dein Reich komme. Dein Wille geschehe wie im Himmel so auf Erden. Unser tägliches Brot gib uns heute. Und vergib uns unsere Schuld, wie auch wir vergeben unsern Schuldigern. Und führe uns nicht in Versuchung, sondern erlöse uns von dem Bösen. Denn dein ist das Reich und die Kraft und die Herrlichkeit in Ewigkeit. Amen.

Das Vaterunser stammt von Jesus. Dieses Gebet, das man als Kurzfassung des ganzen Evangeliums bezeichnen kann, ist durch seinen ständigen Gebrauch sehr bekannt. Gebraucht wird es in der privaten Frömmigkeit, im Gottesdienst, im Unterricht und in der Dogmatik und hat sehr früh seinen festen Platz in der Liturgie gefunden. Es ist auch als gute Anleitung zum Beten und Leben zu verstehen, denn es zeigt, wie Beten und Handeln zusammen gehören – das Beten und das Tun des Gerechten, wie es Dietrich Bonhoeffer gesagt hat.

Vermittelt durch Jesus können sich die Beter und Beterinnen als Kinder Gottes verstehen, die das Recht haben, sich an diesen Vater im Himmel zu wenden mit ihren Bitten.

Dieser Vater ist nicht zu verwechseln mit irdischen Vätern. Nicht kindliches Vertrauen steht hier im Vordergrund, sondern ein berechtigter (freilich: unverdienter) Anspruch: Die Beter sind berechtigt, Gott auf seine Verheißungen anzusprechen. Im Namen Jesu können sie bitten und sich im Hinblick auf ihre Sünden dem Urteil Gottes überlassen, ihn um Vergebung bitten und in der Hoffnung leben, dass er vergeben hat und vergeben wird.

Die Bereitschaft zur Vergebung zwischen uns Menschen kommt hinzu, dass wir denen vergeben, die uns etwas schuldig geblieben sind und die uns in der Zukunft etwas schuldig bleiben werden.

Aus den Sünden herausspringen

Wie beten wir richtig? Wie bereiten wir uns auf das Gebet vor?
Oder fragen wir mit Martin Luther:

> Wie soll der beten, der plötzlich in Nöten ist, wenn er des Sinnes ist, er müsse vorher rein und heilig sein? Er muss vielmehr lernen, mit den Sünden zu beten und aus ihnen herauszuspringen und zu Gott zu sagen: Nicht auf meine Andacht und Heiligkeit wage ich's zu bitten, sondern weil aus dem Mund deines Sohnes die Verheißung kam ...

Ich bete und die anderen beten auch –
die Gemeinschaft der Sünder, eine Solidargemeinschaft.
Alle haben es nötig, dass ihnen vergeben wird.
Alle haben es nötig, dass andere ihnen vergeben,
und ihnen ihre Schuld nicht nachtragen.

Dem anderen etwas schuldig geblieben sein
und schuldig bleiben im Leben –
Eltern ihren Kindern,
Kinder ihren Eltern.
Dass es kein lebenslanger Vorwurf und keine Anklage bleibt.
Dass Menschen sich miteinander vergeben lassen
und sich nichts nachtragen,
sondern sich gegenseitig vergeben können.

Mit den Sünden beten?
Ja, aber nicht das ist die Freiheit der Kinder Gottes,
dass sie sündigen werden oder dürfen.
Die Freiheit der Kinder Gottes ist,
dass sie sich vergeben lassen.

„Sünder", „Gerechte" und die Vergebung

Wenn in der Bibel von Sündern und Gerechten die Rede ist, wird die Menschheit nicht aufgeteilt in Gute und Böse oder die Welt in Böses und Gutes, das nebeneinandergestellt wird und im Widerstreit miteinander liegt.

Ebenso wenig werden aber Gut und Böse in die Entscheidungsfreiheit des Menschen gelegt, so dass er wählen könnte wie zwischen zwei Möglichkeiten. Jeder Mensch weiß, dass er Gutes und nicht Böses tun soll. Das Gute ist verbindlich und nicht gleich gültig neben seinem Gegenteil.

Das Gute ist dem Menschen gegeben und ihm wird zugemutet, dass er es tut. Er kann es tun. Aber es gehört offensichtlich zu unserer Auffassung von der Freiheit des Menschen, dass er wählen kann – dann eben auch das, was er nicht wählen soll. Auch kann für uns Gott nicht ein Gott unserer Wahl sein, für den wir uns alternativ entscheiden oder nicht entscheiden können. Als gäbe es zu Gott eine Alternative: „Nicht ihr habt mich erwählt, sondern ich habe euch erwählt" (Joh 15,16a).

Die Aussage, dass alle Menschen Sünder sind, ist ein Urteil Gottes, das verhindern will, dass wir die Menschheit aufteilen und Menschen beurteilen. Es ist kein Satz, den wir aus eigener Beobachtung heraus sagen könnten – höchstens banalisiert und profanisiert, dass doch wohl alle Menschen kleine Sünder sind und jeder ein bisschen Dreck am Stecken hat. So redet Wilhelm Busch in seinen ironisch-gesellschaftskritischen Reimversen, und er darf so reden.

Doch der theologische Satz, dass alle Menschen Sünder sind, ist nur auszusprechen im Hinblick auf Gottes Vergebung der Sünde, die ausnahmslos allen Menschen gilt. Sie ist in Gottes Zuwendung an die Menschen in Jesus Christus verwirklicht, der für alle Menschen gestorben ist. An diesem Ort sind Menschen mit ihrer Sünde konfrontiert und können sie erkennen.

Sünde wird oft identisch gesehen mit Schuld im moralischen Sinn – das, was wir im Alltagsleben in der Beziehung zwischen Menschen als Schuld bezeichnen. Hier können sich Menschen bemühen, sich gegenseitig zu vergeben.

Vor Gott gebracht, vor ihm ausgesprochen und von ihm vergeben, ist das böse Tun oder die Schuld Sünde, die nur von Gott vergeben werden kann.

Sünde geht nicht in der unmoralischen Handlung auf, weil sie von ihrem Kern her die vom Menschen aus verfehlte Gottesbeziehung betrifft. Wird Schuld als Sünde verstanden, dann lässt sie sich nicht mit Verstößen gegen die Moral gleichsetzen.

In der Bibel wird von Schuld und von Sünde geredet und diese Begriffe haben eine große Bedeutungsbreite. Auch wenn das manchmal eine Frage der Übersetzung ist, kann dies aber auf den engen Zusammenhang hinweisen. Auch wenn mit Sünde zunächst einmal unser verfehltes Gottesverhältnis gemeint ist, bedeutet das nicht, dass etwa so zu unterscheiden wäre, dass die Sünde mit Gott zu tun hat und die Schuld mit Menschen.

Menschliche Schuld lässt sich nicht aus einer angeborenen Sündhaftigkeit erklären. Sünde gehört nicht zur Natur des Menschen, auch wenn Menschen sich nicht von sich aus der Macht der Sünde entziehen können (Erbsünde). Sünde ist die immer neu aktuelle, tatsächliche Trennung des Menschen von Gott und damit auch von anderen Menschen, der ganzen Umwelt und Mitwelt. Hierhin gehört dann auch das aktuelle Tun einzelner konkreter Sünden.

Die Rettung, Befreiung und Erlösung von der Sünde kommt von außen – durch Christus. In ihm wurde Gott Mensch, um sich mit den Menschen zu versöhnen und ihnen ihre Sünden zu vergeben. Dabei geriet Jesus – er selbst ohne Sünde – in die Hände der Sünder, die ihn töteten.

Von Gott aus ist in Christus Versöhnung angesagt – nicht aber ohne die Sünde zu richten, zu verurteilen. Beides geschieht zugleich, ohne dass das eine die Bedingung für das andere wäre. Sünder werden gerecht gesprochen und sollen sich bewähren: die Gemeinschaft mit Gott und Christus nicht verlassen oder immer wieder neu in diese Gemeinschaft zurückkehren und das tun, was uns zu tun aufgetragen ist. Dazu werden Menschen von Gott befähigt. Sie werden begabt, Gott zu loben und die guten Werke zu tun. Sich zu bewähren und Gott sich in ihrem Leben bewähren zu lassen. Das Urteil über die Bewährung steht uns untereinander nicht zu, sondern nur Gott.

Von der Sünde und von der Erkenntnis der Sünde ist immer im Zusammenhang mit der Vergebung zu reden. Von der Sünde ist nicht beliebig und allgemein zu reden. Hier kann es ein Zuviel geben. Wichtig bleibt, dass das Reden von der Sünde (Sündenbekenntnis) und der Schuld (Vaterunser) seinen festen liturgischen Ort im Gottesdienst und beim Abendmahl hat und in der Praxis der Beichte und Seelsorge. So bleiben Gott und Mitmensch in bestimmter Weise gemeinsam im Blick.

Und: Wir können die Sünder und die Gerechten manchmal auch einfach die in den biblischen Geschichten agierenden Personen sein lassen und auf Distanz zu ihnen gehen. Ich muss nicht unbedingt Abel oder Kain sein, Opfer oder Täter, Sünderin oder Gerechte. Wichtig bleibt, wie ich selbst in Gottes Geschichte vorkomme: mal als Sünderin, mal als Gerechte, dass ich immer wieder neu die Vergebung brauche – und dabei meinen Platz in der Geschichte Gottes behalte.